DON BOSCO
VERLAG

Weil Gott nicht überall sein konnte,
schuf er die Mutter.

Sprichwort aus dem Orient

Cordula Pertler / Eva Reuys

Kinder feiern
Muttertag

Don Bosco

Feste feiern mit Kindern

Weitere Themen aus der Reihe:
Don Bosco
Fasching, Fastnacht, Karneval
Ostern
Sommerfest
Erntedank
Halloween
St. Martin
Nikolaus
Advent / Weihnachten
Geburtstag

Bibliografische Information der Deutschen Bibliothek

Die Deutsche Bibliothek verzeichnet diese Publikation in der
Deutschen Nationalbibliografie; detaillierte bibliografische
Daten sind im Internet über http://dnb.ddb.de abrufbar.

In diesem Buch gibt es viele Ideen zur Herstellung von Kosmetik
und Rezepte zum Kochen und Backen. Bitte achten Sie darauf,
nur ungiftige bzw. hautverträgliche Zutaten einzukaufen und
zu verwenden. Der Verlag kann für Unverträglichkeiten keine
Haftung übernehmen.

2. Auflage 2004 / ISBN 3-7698-1338-3
© 2002 Don Bosco Verlag, München
Umschlag und Illustrationen: Margret Russer
Notensatz: Nikolaus Veeser, Schallstadt
Satz: undercover, Augsburg
Produktion: Don Bosco Grafischer Betrieb, Ensdorf

Gedruckt auf umweltfreundlichem Papier

Inhalt

Vorwort 6
Zur Handhabung 7

Vorbereitung
Muttertag – eine Idee erobert die Welt 9
Vatertag – gleich Rechte für die Väter 10
Familie im Wandel 11
Ein Fest des Dankes 12
Mutter-Kind-Bindung 14
Ohne Planung geht es nicht 17
Zeitpunkt und Ort 18
Elternarbeit 19

Festgestaltung
Dekoration 21
Muttertagsfeier klassisch 22
Neue Ideen zur Festgestaltung 23
Wohlfühlprogramm für die Mütter 31

Bausteine für die praktische Arbeit
Geschichten und Gedichte 35
Spiele und Aktionen 48
Singen und Tanzen 64
Geschenke-Werkstatt 67
Naturkosmetikstudio 77
Back- und Kochstudio 82

Vorwort

Muttertag! Jedes Jahr lassen sich Kinder an diesem Tag etwas einfallen, um ihren Müttern zu danken. Diese feiern so etwas wie einen zweiten Geburtstag im Jahr und werden von all ihren Lieben verwöhnt. Schon Tage zuvor basteln Kinder heimlich kleine Geschenke, lernen Gedichte, malen ein Bild oder überraschen ihre Mama mit einem Blumenstrauß. Noch bevor sie aufsteht, wird gemeinsam mit dem Papa der Tisch liebevoll gedeckt und das Frühstück zubereitet. Es versteht sich von selbst, dass der Mutter an ihrem Ehrentag jede Arbeit im Haushalt abgenommen wird.

Der Muttertag ist jedoch auch in die Kritik geraten. Für die einen ist es ein Konsumfest, an dem Blumenverkäufer, Pralinenhersteller und Parfümerien gutes Geld verdienen, andere finden ihn nicht mehr zeitgemäß. Sie meinen, der ursprüngliche Sinn, der Mutter dafür zu danken, dass sie das ganze Jahr über die Familie versorgt, sei verloren gegangen. Da heute viele Frauen eigenes Geld verdienen, sei die Mithilfe aller Familienmitglieder im Haushalt selbstverständlich. Brauchen wir also einen Muttertag? Wir meinen ja! Welche Mutter freut sich nicht über eine kleine Anerkennung ihrer täglichen Leistung für die Familie? Viele Frauen müssen heute Berufstätigkeit, Kindererziehung und Haushalt miteinander verbinden. Nach wie vor tragen sie die Hauptlast, vor allem dann, wenn Kleinkinder zu versorgen sind. Der »Muttertag« ist ein schöner Anlass zu danken und die Familie nimmt sich Zeit füreinander, was im Alltag nicht immer möglich ist. Kinder haben das Bedürfnis, ihre Zuneigung mit kleinen Geschenken und Aufmerksamkeiten demjenigen zu zeigen, dem sie besonders zugetan sind. Das sind in der Regel Mutter und Vater. Manche Kinder leben ohne ihre Mutter. Sie haben ihr Zuhause beim Vater, bei den Großeltern, bei Verwandten oder bei Pflegefamilien gefunden. Was spricht also dagegen, den Muttertag auf diesen Personenkreis zu erweitern und einen Familientag zu feiern? Die Begeisterung ist sicher groß, wenn Kinder einen Überraschungstag für ihre Liebsten planen und vorbereiten können. Damit ihr Elan in die richtigen Bahnen gelenkt wird, brauchen Sie Ihre Unterstützung ...

Nach wie vor tragen Frauen die Hauptlast der Familienarbeit. Der »Muttertag« ist ein schöner Anlass zu danken.

Mit unseren außergewöhnlichen und kreativen Ideen wollen wir Ihnen, liebe Leser, helfen die Kinder auf das Fest einzustimmen und mit Müttern, Vätern oder der ganzen Familie einen unvergesslichen Tag zu verbringen.

Zur Handhabung

Wir wollen mit unserem Buch vor allem Erzieherinnen mit Kindergruppen von vier bis acht Jahren ansprechen. Auch Lehrkräften und Eltern bietet es eine Fundgrube voller Ideen. Neben informativen Texten über die Entstehung von Muttertag und Vatertag und seine Bedeutung für Kinder finden Sie Anregungen, wie Sie die Kinder auf das Fest einstimmen können. Weiterhin geben wir Ihnen Tipps zur Planung und Gestaltung eines Mutter-, Vater- Großeltern oder auch Familientages.

Da wir unterschiedliche Modelle anbieten, kann jeder das Passende finden.

Alle Angebote können als einzelne Bausteine je nach Situation ausgewählt und in beliebiger Reihenfolge zusammengefügt werden. Damit wollen wir Ihnen, liebe Leserinnen und Leser, die Handhabung erleichtern! Angebote, die mit einem Pfeil (→) gekennzeichnet sind, werden jeweils an einer anderen Stelle im Buch ausführlicher beschrieben.

Die von uns ausgewählten Geschichten, Liedtexte und Aktionen regen Kinder dazu an, sich mit der Rolle von Mutter, Vater oder Großeltern auseinandersetzen und dabei auch das eigene Verhalten zu überdenken.

Im Vordergrund steht selbstverständlich die Ehrung der Mutter oder anderer Familienmitglieder. Bei der großen Auswahl an Liedern, Gedichten und Geschenkideen fällt die Entscheidung nicht leicht, ob Marmelade gekocht, ein Blumentopfkuchen gebacken, eine Glück-

Alle Angebote können als einzelne Bausteine je nach Situation ausgewählt und in beliebiger Reihenfolge zusammengefügt werden.

wunschkarte oder ein Gutschein kreiert, ein Duftsäckchen genäht, eine Muttertagslaterne oder doch lieber eine Handcreme hergestellt wird.

Wir möchten Sie anregen, den Ehrentag mal anders als bisher zu feiern. Mit unserer umfangreichen Materialsammlung wollen wir Ihnen für die nächsten Jahre eine lange und mühselige Sucharbeit ersparen.

Folgende Themenkreise erwarten Sie:

- ♡ Geschichten und Gedichte
- ♡ Spiele und Aktionen
- ♡ Singen und Tanzen
- ♡ Geschenk-Werkstatt
- ♡ Naturkosmetikstudio
- ♡ Back- und Kochstudio

Vorbereitung

Muttertag – eine Idee erobert die Welt

♡ Wurzeln des Muttertagsfestes lassen sich schon in der Antike erkennen. In Griechenland fanden lange vor Christi Geburt schon Frühlingsfeste zu Ehren der Rhea, der Mutter des Zeus statt.

♡ Die neuzeitliche Idee, Muttertag zu feiern, kommt aus den USA. Dort wurde dieser Tag 1914 zum offiziellen Feiertag erklärt. Angefangen hat alles 1858, als Ann Marie Reeves Jarvis eine Feier organisierte, die sich »Mother's Work Days« nannte. 1872 führte die Frauenrechtlerin Julia Ward Howe in Boston den »Mother's Day« ein. Sie wollte mit diesem Tag alle Mütter ehren, deren Söhne und Ehemänner im Deutsch-Französischen Krieg 1871 ihr Leben ließen. Diese Kampagne für den Frieden wurde in Boston auch in den Folgejahren fortgesetzt. Allerdings verlor man kurz vor dem zweiten Weltkrieg das Interesse daran.

♡ Als Ann M. Reeves Jarvis im Mai des Jahres 1905 starb, setzte sich deren Tochter für eine Wiederbelebung des Muttertages ein. Anna Jarvis wollte damit den Traum ihrer Mutter für einen institutionalisierten nationalen Feiertag verwirklichen. So versuchte sie zunächst den Bürgermeister ihres Wohnortes, später auch einflussreiche Industrielle und Regierungsmitglieder für ihre Idee zu begeistern. Sie versandte zahlreiche Briefe, so auch an die Präsidenten Taft, Roosevelt und Wilson, die schließlich ihrem Drängen nachgaben. Woodrow Wilson verkündete den Kongressbeschluss, den zweiten Mai »als öffentlichen Ausdruck für die Liebe und Dankbarkeit zu feiern, die wir den Müttern unseres Landes entgegenbringen«.

♡ Die Einführung des Muttertages in den USA reichte der engagierten Dame noch nicht. Sie warb für weltweite Anerkennung dieses Tages. Durch die »Internationale Muttertagsgesellschaft«, die Heilsarmee und durch die Werbefeldzüge der Floristen wurde der Muttertag weltweit verbreitet. Über Kanada, Australien, England und Skandinavien kam er 1922 auch nach Deutschland. Ein Mann namens Rudolf Knauer warb für die Einführung des Ehrentages. Unter-

stützt wurde er dabei von karitativen Verbänden. Bald drang an die Öffentlichkeit, was er gerne verborgen hätte: Er war Vorsitzender des Verbandes der Blumenhändler. Seine Bemühungen hatten Erfolg und 1925 erklärte Reichspräsident Hindenburg den Muttertag zum gesetzlichen Feiertag.

❀ Als Anna Jarvis 1948 im Alter von 84 Jahren starb, wurde der Muttertag bereits weltweit in 43 Ländern gefeiert. Kurz vor ihrem Tod gestand sie einem Reporter: »Es tut mir leid, dass ich jemals diesen Tag ins Leben gerufen habe.« Enttäuscht davon, dass der Muttertag ein Tag der Geschäftemacher geworden war, sagte sie: »Das ist es nicht, was ich wollte, ich wollte einen Tag des Gefühls, nicht des Profits!«

❀ Aller Kritik zum Trotz überlebte der Muttertag, wurde zum vertrauten Ritual und fand in allen Schichten der Bevölkerung eine breite Akzeptanz. Heute gibt es kaum ein Land, das den Muttertag nicht kennt. In Mexiko wird dieser sogar zwei Tage lang gefeiert. In Ländern wie Deutschland, Dänemark, Finnland, Italien, Türkei, auch in Australien steht der Muttertag am zweiten Sonntag im Mai im Kalender. Andere Länder feiern zu anderen Zeiten. Egal in welchem Land gefeiert wird, alle verbinden mit diesem Tag die gleiche Idee: der Dank der Kinder an die Mütter!

Heute gibt es kaum ein Land, das den Muttertag nicht kennt.

Vatertag – gleiche Rechte für die Väter

❀ Verdienen aber nicht auch unsere Väter den Dank für all das, was sie für die Familie leisten? Unter dem Motto »Gleiche Rechte für Väter« hat sich der Vatertag fest neben dem Muttertag etabliert. Wie der Muttertag hat dieser seinen Ursprung in den USA. Luisa Dodd aus Spokane Washington kam auf die Idee des »Vatertags«. Sie wollte damit ihren selbstlosen und treu sorgenden Vater ehren. Ihre Mutter starb bei der Geburt des sechsten Kindes und ihr Vater machte es sich zur Aufgabe, die Kinder alleine großzuziehen. Am 19. Juni 1910 wurde in Spokane der erste Vatertag gefeiert, andere Städte folgten diesem Beispiel. Obwohl bereits 1924 Präsident Calvin Coolidge die Idee eines nationalen Vatertags unterstützte, unterzeichnete erst 1966 Präsident Lyndon Johnson eine Erklärung, in welcher der 3. Sonntag im Juni als Vatertag festgelegt wurde.

♡ In Europa kam dieser Brauch 1936 in Holland auf und verbreitete sich von hier aus auf andere Länder. Verglichen mit den USA hat der Vatertag in Europa eine weitaus geringere Bedeutung. Gefeiert wird, wenn überhaupt, im Mai oder Juni. In Deutschland fällt der Vatertag auf »Christi Himmelfahrt«, in Österreich feiert man am 10. Juni. Beliebt ist die so genannte »Herrenpartie«, bei der sich Väter und Nichtväter auf eine feucht-fröhliche Lokaltour begeben. Andere ziehen es vor, den Vatertag im Kreise der Familie zu feiern. Ein Gedicht, ein kleines Geschenk der Kinder oder ein Ausflug ins Grüne gehören zum gemeinsamen Fest.

Familie im Wandel

♡ Bis in die sechziger Jahre hinein galt die Vorstellung der Idealfamilie mit Mutter, Vater, Sohn und Tochter. Angesichts der steigenden Scheidungsraten hat sich das traditionelle Familienbild verändert: Obwohl nach wie vor das Bild der »Heilen Familie« besteht, entstehen immer neue Formen des Zusammenlebens. Kinder leben immer öfter nur mit der Mutter oder dem Vater in einer Gemeinschaft. An die Stelle des Partners treten häufig Lebensgefährten auf Zeit. Diese bringen eigene Kinder mit in die Familie und möglicherweise erwächst aus der Beziehung ein gemeinsames Kind. So genannte »Patchworkfamilien« sind heute keine Seltenheit. Außerdem gibt es gleichgeschlechtliche Paare mit Kind. Nach wie vor suchen Menschen Nähe und Bindung, aber gleichzeitig Freiheit und Unabhängigkeit. Noch immer fällt es uns schwer, uns vom Idealbild zu verabschieden und für neue Formen des Zusammenlebens offen zu sein. Da immer mehr Kinder davon betroffen sind, ist es wichtig, ihnen zu vermitteln, dass es keine bessere oder schlechtere Form von Familie gibt. In jedem Fall brauchen Kinder wie Eltern Verständnis und Toleranz für ihre Lebens- und Familiensituation.

♡ Zunächst sollten Sie als Erzieherin ihre eigenen Einstellungen überprüfen und sich fragen: »Was ist mein eigenes Wunschbild von Familie? Was geht mir durch den Kopf, wenn ich erfahre, dass die Mutter eines neu angemeldeten Kindes allein erziehend ist? Sind meine Erwartungen eher positiv oder negativ? Spielen Erfahrungen aus der eigenen Familie eine Rolle? Akzeptiere ich Eltern, die in einer

»Was ist mein eigenes Wunschbild von Familie?«

anderen Familienform leben? Weiterhin sollten Sie für sich klären, dass die Qualität einer Familie weder von der Anzahl noch vom Geschlecht der Personen abhängt, sondern von der Intensität und der Qualität der Beziehungen. So leiden Kinder in Familien der traditionellen Form möglicherweise unter den ständigen Konflikten der Eltern und entwickeln Auffälligkeiten. Trennen sich die Eltern gütlich und fühlen sich beide für die Erziehung ihres Kindes gleichermaßen verantwortlich, kann dies zu einer merklichen Entspannung der Situation führen. Das Kind kann sich von den Belastungen der vormals »vollständigen« Familie erholen. Ebenso empfinden es Kinder im Allgemeinen nicht als negativ, wenn beide Eltern berufstätig sind. Nicht die Quantität der Zeit, welche Kinder mit ihren Eltern verbringen, sondern die Qualität der gemeinsam verbrachten Zeit ist entscheidend. Wesentlich ist, wie Eltern und Kinder diese gestalten. Unternimmt die Familie in ihrer Freizeit zusammen etwas, bekommt das Kind die Liebe, Zuwendung und Aufmerksamkeit, die es für seine Entwicklung braucht? Es geht also darum, Familienentwicklungen differenziert zu betrachten. Sie können mit dazu beitragen, beim Kind eine positive Einstellung zu seiner familiären Situation aufzubauen. Wenn Kinder die Möglichkeit haben, über ihre Familie zu sprechen, wächst in ihnen das Bewusstsein dafür, dass jede Familienform Vor- und Nachteile haben kann. Da Kinder noch kein feststehendes Bild von der Normalfamilie haben, können Gespräche oder auch Geschichten dazu beitragen, sich gegen Vorurteile zu wappnen und Toleranz einzuüben.

☿ Offenheit gegenüber unterschiedlichen Familienformen und Ihre Mitwirkung an guten Beziehungen des Kindes zu seinen Eltern und anderen wichtigen Bezugspersonen schafft bei Elterngesprächen eine Atmosphäre, in der sich die Eltern verstanden fühlen.

Nicht die Quantität der Zeit, welche Kinder mit ihren Eltern verbringen, sondern die Qualität ist entscheidend.

Ein Fest des Dankes

☿ Nach einer Zeit mit vielen grauen Tagen verwöhnt uns die Sonne mit wärmenden Strahlen. Überall blühen Tulpen, Narzissen, Veilchen und Vergissmeinnicht um die Wette. Mit ihrem zarten Duft erfüllen sie die Luft und die länger werdenden Tage. Mutter Erde bringt neues Leben hervor und erfreut uns mit voller Pracht. Es ist Maienzeit –

die treffendste Zeit, um den Muttertag zu feiern. Muttertag, Höhepunkt der Festgestaltung in der schönen Frühlingszeit, wird von vielen Müttern selbst mit gemischten Gefühlen gesehen. Für manche junge Mütter ist der Muttertag ein antiquierter Brauch. – Wir meinen, er ist moderner denn je! Mütter sind meist einer Dreifachbelastung mit Kindern, Haushalt und Beruf ausgesetzt. Die Gesellschaft erwartet von den Müttern dies alles spielend unter einen Hut zu bringen und dabei ausgeglichen, zufrieden zu leben und sich selbst zu verwirklichen. Der Hauptgedanke zum Muttertag ist immer noch, der Mutter für ihr Dasein zu danken, für ihre Liebe, ihr Engagement, für alles, was so schnell als selbstverständlich genommen wird.

♡ Muttertag ist ein Fest, an dem auf vielfältige Weise Dank ausgedrückt werden kann. Das allerdings muss erst gelernt werden. Früh übt das Kind Danke zu sagen, oft nur reine Form, ohne Inhalt und Bezug. Spontane, echte Freude und Dankbarkeit kann das Kind dabei vielleicht gar nicht empfinden. Die Gefühle der Kinder müssen erst sensibilisiert werden, erst allmählich lernen sie, sich in andere Personen hineinzuversetzen. Und im Laufe ihrer Entwicklung erkennen sie die unterschiedlichsten Situationen, in denen sie sich mit innerer Bewegtheit und nicht mit Zwang bedanken. Auch erleben sie mit Freude, selbst Dank entgegen zu nehmen.

♡ Im Hinblick auf das Muttertagsfest wird das Thema »Danken« ganzheitlich und individuell aufbereitet zum Mittelpunkt der Pädagogik in der Kita.

♡ Damit geht einher: Richtig schenken will gelernt sein. Die Kinder sollen lernen sich in andere Personen einzufühlen. Sie erkennen, was ihrer Mama wirklich Freude bereitet. Ein Grund zur Ablehnung des Muttertages bei vielen Müttern ist die zunehmende Vermarktung und Konsumorientiertheit des Festes. Die Kita hilft den Kindern andere Wege zu gehen. Sie werden ermutigt selbst aktiv zu sein. Es gilt liebevolle, individuelle Geschenkideen für die Mutter zu finden. Diese selbst herzustellen macht einen Riesenspaß. Ideen, mit denen die Mutter das ganze Jahr überrascht und erfreut wird, weil es vielleicht in mehreren Etappen eingelöst werden kann, wie z.B. ein Gutscheinheft oder eine Glückslose-Box, lassen den Sinn des Muttertages auf längere Sicht hin wirken. Dabei ist außer Einfühlungsvermögen auch

Muttertag ist ein Fest, an dem auf vielfältige Weise Dank ausgedrückt werden kann. Das allerdings müssen Kinder erst lernen.

Mut, Individualität und Kreativität des Kindes gefragt. Ebenso wird das Selbstbewusstsein des Kindes gestärkt. – Sie sind stolz auf ihre Mutter und auch ein bisschen auf sich selbst. Schenken macht Freude und die Geheimhaltung eines Geschenkes ist für das Kind eine große Aufgabe, die einiges an Anstrengung kostet, aber auch viel Spaß bereitet.

❤️ Das Muttertagsfest ist auch eine Anlass die Rolle und Aufgaben der Mutter in der Familie, wie in der Gesellschaft neu zu überdenken, mit dem weiteren Ziel ein harmonisches Familienleben zu führen, mag diese Familie auch noch so klein sein.

❤️ Über Gespräche, Geschichten, Spiele und Meditationen lernen die Kinder die Symbolik des Muttertages zu begreifen, die Beziehung zwischen Mutter und Kind zu reflektieren und zu vertiefen.

Über Gespräche, Geschichten, Spiele und Meditationen lernen die Kinder die Symbolik des Muttertages zu begreifen.

❤️ Kinder und auch Väter haben die offizielle Gelegenheit, der Mutter auf vielfältige Weise ihren Dank auszudrücken. Nicht zur Gewissensberuhigung und als Alibifunktion soll dieser Festtag dienen, sondern symbolisch für alle Tage des Jahres stehen. Einer Mutter gebührt jeden Tag Anerkennung, Wertschätzung und Dank, was leider im Alltagsleben viel zu leicht untergeht. Am Muttertag jedoch könnte sie so umsorgt und verwöhnt werden, wie sie es das ganze Jahr über für die Familie tut.

❤️ Muttertag ist ein Fest der Emotionen, bei dem die Kinder lernen ihre Gefühle zu äußern. In Gesprächen, Geschichten, Gedichten, Liedern und Vielem mehr wird mit den Kindern bewusst erarbeitet, wie schön es ist eine Mutter zu haben, die mit einem kuschelt, einen in den Arm nimmt, einen tröstet und viele gute Sachen mehr tut. Die Kinder lernen darüber zu sprechen, sich zu freuen und Dankbarkeit für diese Situationen zu empfinden.

Mutter-Kind-Bindung

❤️ Nachdem eine Frau ein Kind zur Welt brachte, ist etwas Wunderbares passiert. Schon in der Schwangerschaft entsteht eine enge Beziehung zwischen Mutter und Kind. Sie ist die wichtigste Person im Leben eines Kindes. In Phasen durchlaufen beide mehr oder minder schwierige Ablösungsprozesse. Es entstehen Situationen, in denen Mutter und Kind aneinander geraten, sich gegenseitig ärgern und in Stress bringen. Gar manches Kind kommt verärgert und böse auf die Mutter in die Kita, weil es dieses oder jenes nicht darf oder nicht bekommt oder weil die Mutter wieder keine Zeit hat. Auch diese Konfliktsituationen können aufgearbeitet werden. Zum Thema wird auch: Was kann ich zur Konfliktlösung beitragen?

☼ Sie als Erzieherin, können im Kindergarten wie auch im Hort, Grundlagen zu einem besserer sozialen Denken und Verhalten des Kindes geben. Durch Ihre Arbeit als Erzieherin sensibilisieren Sie die Selbstwahrnehmung des Kindes und dessen Wahrnehmung seiner Mutter gegenüber. Das Kind gewinnt die Einsicht, sich nicht nur am Muttertag von seiner besten Seite zu zeigen.

☼ Im Vordergrund des Festtages steht, der Mutter alle häuslichen Verpflichtungen, alle Alltagsarbeiten abzunehmen und ihr den Tag so schön und angenehm wie möglich zu machen. Die Kinder wollen gerne im Haushalt mithelfen. Nur ist für die Mutter nicht alles eine Hilfe. Vieles wird aufwändiger und dauert mit Kind dreimal so lange. Hier gilt es für die Erzieherinnen folgenden Appell an die Mütter zu richten: Geduld und Nachsicht! In der Kita üben die Kinder häusliche Tätigkeiten spielerisch ein, die sie dann zu Hause mit Selbstbewusstsein, Eifer und Liebe für die Mutter einsetzen können. Die selbstständigen Arbeiten dürfen höchstens vom Vater unterstützt werden. Die Kinder wollen eine verantwortliche Rolle und Position übernehmen und sie wissen genau, es liegt an ihnen, dass dieser Tag gelingen wird.

♡ Wie zu jedem Fest gehört auch zum Muttertag ein Festessen. Sei es in Form eines Frühstücks oder einer Kaffeetafel, von den Kindern liebevoll vorbereitet. Viele Kinder wachsen heutzutage in einer Kleinfamilie auf und können das Essen in einer Gemeinschaft kaum erleben, geschweige denn die Vorbereitungen auf ein gemütliches oder festliches Essen in trauter Runde. Wie viel Arbeit, Organisationstalent und Kreativität für ein leckeres Mahl mit schön dekoriertem Tisch dahinter steckt, erleben die Kinder nun bei den Vorbereitungen zur Muttertagsfeier. Am Vorabend, wenn sie sich in ihre Federn kuscheln, versuchen sie trotz Aufregung bald einzuschlafen, damit sie es auch schaffen, am nächsten Tag rechtzeitig aufzustehen. Die Vorbereitung eines köstlichen Frühstücks mit dazugehöriger Dekoration braucht einen wachen Kopf und Zeit. Mit großer Freude können die Kinder zu Hause selbst aktiv werden, wenn ihnen die Kita das Know how vermittelt. Die Kinder lernen hier in eine andere Rolle zu schlüpfen und sie realisieren das, was die Mutter normalerweise für sie tut. Heute werden die Kinder zum gebenden Part. Nach all den Vorbereitungen genießen sie die Gemeinsamkeit und sind sicher auch ein bisschen stolz auf ihre Werke und Taten.

♡ Ein wichtiges Ziel zu diesem Thema ist, die Toleranz der Kinder zu den verschiedensten Familienformen zu entwickeln. Nicht jedes Kind lebt bei seinen leiblichen Eltern, jedoch jedes Kind hat Eltern. Eltern bleiben immer Eltern, auch wenn sie getrennt leben.
♡ Es gibt Kinder, die sind aus dem »Bauch geboren« und Kinder, die sind aus dem »Herzen geboren«! Letzteres gilt in jedem Fall für Pflege- und Adoptivkinder.

♡ Mit den gesellschaftlichen Veränderungen der Familie ist die Vaterrolle heute nicht mehr genau definiert. Wenngleich der Vatertag in der Geschichte nie den Stellenwert eines Muttertages innehatte, für das Kind ist es wichtig, einen Vater zu haben, über seinen Vater etwas zu wissen und zu ihm, auch wenn er nicht in der Familie lebt, eine Beziehung zu finden.
♡ Wir zeigen Ihnen im Kapitel »Festgestaltung« und in den »Bausteinen«, Möglichkeiten auf, wie Sie die Väter integrieren können,

Wir zeigen Ihnen im Kapitel »Festgestaltung« und in den »Bausteinen«, Möglichkeiten auf, wie Sie die Väter integrieren können.

ohne dabei die Kinder zu verletzen oder zu irritieren, die in keinem Kontakt zu ihrem Vater stehen.

♡ In früheren Zeiten waren die Großeltern, vor allem die Großmütter erheblich mehr an der Erziehung der Enkelkinder beteiligt. Auch wenn die Großeltern heute nicht mehr im selben Haushalt leben, tun sie ihr Bestes für ihre Enkelkinder. Die Kita nimmt anlässlich des Muttertages und des Vatertages die Chance wahr, auch die Großeltern mit einzubeziehen. Die Kinder erfahren bewusst, dass auch ihre Eltern »Mama« und »Papa« haben. In Gesprächen wird ihnen klar, welche Liebe ihnen die Großeltern entgegenbringen. Kinder und Erzieher laden die Großeltern in die Kita ein und lassen sich mit Fotos von ihnen erzählen, wie sie damals die Kindheit mit ihren jetzigen Eltern erlebten. Staunen, Bewunderung, Freude und Dankbarkeit der Enkelkinder werden wach und ein ganz anderes, intensives Familiengefühl wird geprägt.

> Die Kita nimmt anlässlich des Mutter- oder Vatertages die Chance wahr, auch die Großeltern mit einzubeziehen.

♡ Die Kinder erfahren mit dem Muttertagsfest Tradition und Brauchtum. Zu allen Zeiten und in allen Ländern der Erde wird den Müttern gedankt. Viele Mütter unserer Zeit haben eine ambivalente Einstellung, einige Gründe hierfür sind oben erläutert. Andere sind bescheiden, sie wollen keine Ehrung, sehen alles als selbstverständlich an. Andere äußern sich konkret, sie wollen keinen Muttertag, sondern Wertschätzung und Mithilfe für das ganze Jahr und sie wollen auf alle Fälle keine Geschenke für den Haushalt, sondern Schönes für sich persönlich. Ein kleines Gedicht oder Lied rührt jede Mutter … Wenn nichts an diesem Tag passiert sind sie enttäuscht.
♡ Akzeptiert die Kita die vielfältig gelebte Mutterrolle und die neuen Familienstrukturen und präsentiert die Kita neue Formen der Muttertagsgestaltung, sind die Mütter und alle anderen Familienangehörigen sicher mit der Feier dieses Tages einverstanden.

Ohne Planung geht es nicht

♡ Kaum ist das Osterfest vorüber, sehen wir freudig der schönen Maienzeit und somit dem Muttertag entgegen. Für die Festgestaltung in der Kita ist es von grundlegender Bedeutung, die momentane Familiensituation der Kinder in den jeweiligen Gruppen zu erforschen. Die aktuelle Situation in den Familien beeinflusst die Erzieherin, wie sie in diesem Jahr auf die Familie allgemein, auf die Vaterrolle eingehen wird und wie weit sie auch die Großeltern mit einbeziehen kann. Die Thematik wird individuell auf die Gruppe abgestimmt, die Form der Feier aber auch mit dem Team besprochen. Der Kerngedanke dieses Festes soll von den Kindern mittels kindgemäßer Methoden, ganzheitlich erarbeitet und verinnerlicht werden. Er soll auch über das Fest hinaus weiterhin wirksam sein. Eine sensible Begleitung durch die Erzieherin hilft dem Kind, sich in die Thematik einzufinden und einen Transfer in den Alltag zu schaffen. Somit kann auch ein kleiner Beitrag zur Harmonisierung des Familienlebens geleistet werden.

Eine ganzheitliche Vorbereitung der Kinder auf den Muttertag ist die beste Garantie für das Gelingen dieses Tages.

♡ Eine ganzheitliche Vorbereitung der Kinder auf den Muttertag ist die beste Garantie für das Gelingen dieses Tages zu Hause in der Familie und für die Feier in der Kita. Deshalb lautet die Devise: rechtzeitig planen und mit der Herstellung der Geschenke beginnen. Ohne Stress und Leistungsdruck für Kinder und Erzieher – erleben und gestalten mit Kopf, Herz und Hand.

♡ Um die oben erläuterten Ziele zu verwirklichen, sind die Kinder bereits bei der Planung der Präsente miteinbezogen. Sie können selbst überlegen, was sie an materiellen Dingen, die sie natürlich selbst herstellen, verschenken wollen. Hilfreich ist es, eine Auswahl von Ideen aus Büchern und Zeitschriften vorzustellen. Die Kinder können auch darüber nachdenken, welche ideellen Geschenke sie ihren Eltern machen wollen.

Zeitpunkt und Ort

♡ Traditionell wird der Muttertag am zweiten Sonntag im Mai gefeiert, der Vatertag im Mai oder Juni, in Deutschland zum Beispiel an Christi Himmelfahrt. In USA führte man bereits den »Grandparents Day« ein. Vielleicht wird bei uns eines Tages auch ein »Großelterntag« zur Tradition. Wir greifen diese Idee beim Thema »Festgestaltung« auf und bei den Bausteinen finden Sie passende praktische Ideen zur Anregung.

♡ Nicht nur aus organisatorischen Gründen lässt sich die Feier auf die Werktage vorher oder nachher legen. Der Hauptgrund liegt im Sinne dieser Festtage, die Familientage sind und auch bleiben sollen. Die Kita unterstützt lediglich die Kinder, diesen Tag inhaltlich zu verstehen und gestalten zu können – und die Kita nimmt auch die Chance wahr, den Kontakt zu den Eltern aufzubauen und zu vertiefen.

♡ Im Kapitel Festgestaltung zeigen wir Ihnen mehrere Möglichkeiten auf. Je nach Angebot besteht ein unterschiedlicher Raumbedarf. Es muss also nicht immer der Gruppenraum sein, in dem gefeiert wird. Beziehen Sie den Garten ein oder gehen sie weit hinaus in die Natur, wenn das Wetter es zulässt. Hierbei ist es wichtig, jeder Gruppe in der Kita Eigenständigkeit zu lassen. Die Gruppenteams gestalten entsprechend ihrer Elternschaft das Fest, informieren aber die Kollegen darüber.

Elternarbeit

♡ Es ist durchaus möglich, die Eltern zur Vorbereitung um ihre Mithilfe zu bitten. Was zuerst als zu aufwändig oder problematisch erscheinen mag gelingt, wenn Kontakte fließen. Die Eltern werden jedes Jahr mit anderen Ideen und Möglichkeiten konfrontiert, und jedes Jahr kann die Elternmitarbeit zum Muttertag anders gestaltet sein. So können sich das Beharren auf dieser oder jener Form der Feier und eine gewisse Erwartungshaltung der Eltern lösen.

♡ Neben der genauen Information über den Ablauf des Festes ist sicher auch eine große Motivation der Eltern zum Mitmachen notwendig. Dies kann über die Kinder geschehen, denn welche Eltern können ihren Kleinen abschlagen zu einem Fest in die Kita zu kommen. Zum anderen ist neben einer schriftlichen Einladung eine persönliche wirkungsvoll.

♡ Eine Information über den gegenwärtigen pädagogischen Schwerpunkt in der Kita ist wichtig. Die Kinder wollen plötzlich zu Hause helfen, was die Mütter in diesem Moment nicht verstehen und vielleicht eher als Belastung statt als Freude empfinden. Die

Es ist durchaus möglich, die Eltern zur Vorbereitung des Festes um ihre Mithilfe zu bitten.

Kinder stellen Fragen über Fragen zur eigenen Familie, zu den Groß-eltern und anderen Familien, die sie als solche nicht empfinden, weil ein Kind »keinen« Vater oder gleich »zwei« Väter hat. – Oder die Kinder interessieren sich verstärkt für die Arbeit der Eltern.

☿ Muttertag wird nahezu in allen Ländern dieser Erde gefeiert, also werden Sie bei diesem Fest auch mit den ausländischen Eltern rechnen können. Interessant wäre sicher auch ein Abend, an dem die Mütter aus den verschiedensten Ländern über ihre Festtagsbräu-che zum Muttertag berichten.

☿ Ein wichtiger Aspekt ist, die Väter noch mehr zu integrieren und die Veranstaltungen dahingehend zu überprüfen: Sprechen wir mit diesem Angebot die Väter an, können sie sich dabei wohl fühlen und Spaß haben und welche Aufgaben können sie mit Freude überneh-men?

Festgestaltung

Dekoration

Sicher sind Ihre Räume unabhängig vom Muttertag in Frühlings-
stimmung getaucht. Mit einfachen Mitteln können Sie nun mit
den Kindern zur Muttertagsfeier eine Poesie für Augen und
Gaumen schaffen.

Herzen aus Tortenspitzen oder ausgeschnitten aus den verschiedensten roten und rosafarbenen Papieren leuchten von der Decke, von
Wänden, Türen und Fenstern. Als Collage, Mobile oder Girlanden erfreuen sie die Herzen der Gäste. – Und jedes Kind, auch das jüngste,
kann sich hierbei engagieren.

Die selbstgebackenen und mit Zuckerguss verzierten Honigteig-Her-
zen sind erst einmal Dekoration, bevor sie die Kinder an ihre Mütter
(Eltern) verschenken. Das gleiche gilt für die leckeren Kuchen, Torten
und Plätzchen in Herzform. Sahne- und Obsttorten werden erst in
letzter Minute aus dem Kühlschrank geholt, damit sie schön frisch
bleiben.

Üppige, liebevolle und originelle Muttertagsdekorationen mit Herzen
und Blumen in allen Variationen finden Sie in unserer Muttertags-
werkstatt. Alles, was die Kinder verschenken werden, kann erst einmal als Dekoration dienen. – Ein Tipp: Zeigen Sie Mut und setzen Sie
nur ein Symbol, z.B. das »Herz« oder die »Blume«, dafür aber reichlich variiert, als Gestaltungselement ein. Die Mütter werden sicher
entzückt sein, wenn sie inmitten von lauter Herzen gefeiert werden!

Muttertagsfeier klassisch

Miteinander essen heißt Zeit und Raum zu teilen und gemeinsam zu genießen. Dafür haben die Menschen heute keine Zeit mehr, das Leben muss im Zeitraffer gemeistert werden. Ein gemeinsames Essen, das früher der Mittelpunkt des familiären Lebens war, ist heute kaum mehr praktizierbar. Deshalb wollen wir an alte Traditionen anknüpfen und eine klassische Einladung zu Kaffee und Kuchen mit liebevoller Dekoration, bewusst kleinem Programm, aber viel Zeit für ungezwungene Gespräche vorschlagen. An diesem Tag kommen die Kinder hübsch zurecht gemacht in die Kita. Im Laufe des Tages fragen sie sicherlich mehrmals, wann endlich die Mütter kommen werden. Aufregung liegt in der Luft. Um die Situation zu entspannen, wird mit den Kindern der Ablauf der Feier nochmals besprochen, Gedichte und Lieder wiederholt. Bestimmt haben die Erzieherinnen das Programm den Fähigkeiten der Kinder entsprechend zusammengestellt. Es sollte betont ein kleines Programm sein und keine große Vorführung, bei der Kinder wie Erzieher an ihre Grenzen gelangen würden. Das wäre den Müttern sicher nicht recht. Doch jedes Kind sollte gleichermaßen, aber seinen Fähigkeiten entsprechend eingebunden sein.

Die Kinder gestalten die Tische zur Festtafel. Tage zuvor wird die Dekoration hergestellt. Das können Tischsets in Herzform, bedruckte Tischdecken oder viele ausgeschnittene Herzen, auf den Tisch gestreut, sein. Die Kinder haben gelernt, Tischkarten zu basteln und Servietten zu falten. Der Serviettenring ist aus Quarkölteig in Herzform gebacken und zum Essen gedacht. Traumhaft wirken die verzierten Plätzchen, Kuchen und Torten in Herz- oder Blütenform. In der Mitte der Tafel leuchten auf einem runden Tablett viele Teelichter zu einem großen Herzen arrangiert. Selbst die Geschenke werden an passender Stelle zum Blickfang der Dekoration.

Zum Eintreffen der Mütter läuft Entspannungsmusik, klassisch oder modern. Das verbreitet eine heitere gelöste Atmosphäre. Als stolze Gastgeber empfangen die Kinder ihre Mütter und begleiten sie an ihren Platz. Das Team überbringt herzliche Begrüßungs- und Dankesworte. Danach ist es wieder Aufgabe der Kinder, die Programmpunk-

Die Kinder gestalten die Tische zur Festtafel. Tage zuvor wird die Dekoration hergestellt.

te zu übernehmen und die Mütter liebevoll zu bedienen. Den Abschluss der Einladung bildet ein Tanz der Kinder, bei dessen Wiederholung die Mütter zum Mittanzen aufgefordert werden. – Oder, wie wäre es mit einem Gruppenfoto aller Mütter mit Kindern?

Neue Ideen zur Festgestaltung

Eröffnung einer Ausstellung

Anlässlich des Muttertages organisiert die Kita eine Ausstellung mit Werken der Kinder. Hierzu ist die ganze Familie herzlich eingeladen: Mutter, Vater, Geschwister, die Großeltern, vielleicht auch Onkel und Tanten – alle, die an der Erziehung des Kindes teilhaben.
Neben Gemälden und Zeichnungen der Kinder können Fotowände mit Sprüchen aus Kindermund und mit Texten der Erzieherinnen die Aktivitäten der Einrichtung dokumentieren. Freude bereiten Gemälde der Kinder, die die Mutter oder den Vater portraitieren. Selbst gebaute und verzierte Rahmen oder Passepartouts erhöhen den Effekt. Falls die Wände zur Präsentation nicht ausreichen, spannen Sie kreuz und quer Schnüre durch den Raum, an denen Sie die Bilder und Plakate mit Wäscheklammern befestigen. Paravents können zu Pinnwänden umfunktioniert werden. Professionelle Stellwände verleiht vielleicht die Pfarrei oder Gemeinde. Aktionen wie »Muttertagsgrüße international«, oder eine »Wandzeitung« (→ Bausteine, ab S. 35f.) bringen Spaß in die Veranstaltung.

Wie zu jeder Einladung gehört auch hierzu ein lukullischer Beitrag. Im Elterncafe in der Halle bieten die Kinder selbstgebackenen Kuchen, Kekse, Kaffee und Tee an. Papiertischendecken von den Kindern mit roten oder rosafarbenen Herzen und Blumen bedruckt, unterstreichen das Motto. Liebevolle Basteleien oder selbst Gepflanztes machen die Dekoration komplett.

Anlässlich des Muttertages organisiert die Kita eine Ausstellung mit Werken der Kinder.

Die Kinder eröffnen die Ausstellung mit einem Lied und einem Gedicht für die Mutter, für den Vater, für die Gäste.

Das Team der Einrichtung eröffnet das Fest mit der Begrüßung der Gäste und gibt Hinweise zum Ablauf. Die Eltern bilden einen lockeren Kreis oder Halbkreis. Ein Tanz der Kinder, bei dessen Wiederholung sie ihre Eltern zum Mittanzen auffordern, vereint alle in fröhlicher Bewegung. Anschließend führen die Kinder ihre Eltern durch die Ausstellung, bzw. zu ihren Werken. Damit sich während des lukullischen Teils ein lockeres Gespräch zwischen Eltern und Erzieherinnen und den Eltern untereinander entwickeln kann, werden für die Kinder die Gruppenräume zum Freispiel geöffnet oder an Tischgruppen Spiele angeboten. Die Eltern genießen die Leckereien im Stehen, wie es bei einer Vernissage üblich ist.

Einen offiziellen Abschluss gibt es nicht, die Gesellschaft löst sich locker auf. Die Portraits der Eltern werden als Überraschungsgeschenk von der Leine genommen und mitgegeben. Bis dahin müssen die Kinder diese Idee natürlich geheim halten.

»Tischlein deck dich« – ein Schnellkurs für Väter

Feiern Sie weder Muttertag noch Vatertag in Ihrer Einrichtung, hätten wir den Vorschlag, die Väter zu einem Workshop einzuladen. Dabei zeigen Sie den Vätern praktikable Ideen, wie sie mit ihren

Kindern die Muttertagsfeier zu Hause in der Familie zum Erfolg werden lassen. Sie bieten sozusagen nach Feierabend einen »Schnellkurs« für Väter« an, bei dem die Kinder aktiv beteiligt sind.

Auf dem Programm stehen die Herstellung einer traumhaften Muttertagstorte (→ S. 90), bei der sie nicht einmal einen Backofen einschalten müssen. Des Weiteren werden Anleitungen zu einem perfekt gedeckten Tisch gegeben. Tischsets, gefaltete Servietten und Serviettenringe, Dekorationen in Herz- oder Blütenform gehören dazu. Auch das Basteln eines Geschenkes darf nicht fehlen. Wir empfehlen, eine Sägearbeit anzubieten, z.B. einen Vogel mit Zettel im Schnabel (→ S. 71f.). Diese kann auch später, wenn der Abend zu kurz werden sollte, von den Kindern in der Kita angemalt werden. Vielleicht stellen Sie den Vätern auch zwei verschieden Werkarbeiten zur Wahl. Die Väter müssen an diesem Abend ziemlich aktiv sein, aber die Unterstützung ihrer Kinder ist ihnen gewiss. – Ein geheimnisvoller Abend soll es werden! Väter und Kinder kochen und werken und die Mutter darf kein Sterbenswörtchen erfahren. – Und wenn die Kinder an diesem Abend auch noch später als gewöhnlich ins Bett kommen, dürfen die Mütter nur lächeln und sich auf »ihren« Tag freuen.

Organisatorische Tipps zum »Schnellkurs«

Die Väter melden sich für diesen Abend an und kreuzen in einem »geheimen Papier« an, was sie als Geschenk herstellen wollen, damit das Team die entsprechenden Vorbereitungen treffen kann. Bedenken Sie auch, dass sich die Väter nach dem beruflichen Stresstag zum Empfang über eine deftige Kartoffelsuppe oder ein selbstgebackenes Brot mit Kräuterquark freuen werden, bevor sie sich an die Muttertagsvorbereitungen machen.

Oma und Opa zu Besuch

Den Großeltern ist kein Weg zu weit, werden sie in die Kita eingeladen. Mit großer Freude sind sie bereit zu kommen. Kinder, die keine Großeltern mehr haben oder deren Oma und Opa verhindert sind, bringen eine »Nennoma« oder einen »Nennopa« mit. Gar manche Großeltern stehen noch mitten im Arbeitsprozess und können sich schwer frei machen. Berücksichtigen Sie, dass es noch recht junge

Großeltern gibt und die Omas und Opas von heute eine Generation von Jungegebliebenen sind. Es soll sicherlich kein Seniorennachmittag werden, sondern ein glückliches Zusammensein zweier Generationen. Die Kinder begrüßen ihre Gäste mit einem Lied und stellen ihre Großeltern vor. Einige Großeltern erzählen von früheren Zeiten, zum Beispiel, welche Spiele und Lieder sie am meisten liebten. Möglicherweise sind es sogar die gleichen Fang- und Singspiele, die die Kinder heute noch gerne spielen. Andere Großeltern beschreiben die Spielsachen, die sie hatten. Vielleicht hat eine Oma sogar ihre alte Lieblingspuppe und ein Opa ein Auto aus seiner Kindheit mitgebracht. Andere bringen Fotos aus alten Zeiten mit. Vielleicht können sie ein Episkop ausleihen, um dann die Fotos vergrößert an die Wand zu projizieren. Spielespaß für Jung und Alt (→ S. 58f.) bringt Abwechslung und Bewegung in den Ablauf, bevor die Kinder ihre Großeltern mit Tee, Kaffee und selbstgebackenem Kuchen verwöhnen. Ein Geschenk an die Großeltern darf nicht fehlen. Sie freuen sich bestimmt über ausgeschnittene Schattenumrisse ihrer Enkel oder über Fotos, auf denen sie originell verkleidet abgelichtet sind. Ein gemaltes Portrait der Großeltern oder der Abdruck einer Kinderhand in Gips sind persönliche Überraschungen.

Ein Gedicht, mit denen die Kinder ihren Großeltern danken, bildet den Abschluss.

Ein Geschenk an die Großeltern darf nicht fehlen. Sie freuen sich bestimmt über die liebevollen selbstgemachten Geschenke ihrer Enkel.

Organisatorische Tipps zum Großelternnachmittag

Die Großeltern werden per Post eingeladen. Die Mütter sind behilflich und schreiben die Adresse auf die von den Kindern liebevoll gestaltete Einladungskarte. Legen Sie auch eine Rückmeldekarte bei, wo die Großeltern ankreuzen können, ob sie kommen werden.

Auch wird im Vorfeld unter Beihilfe der Mütter abgesprochen, wer von den Großeltern einen Beitrag übernimmt, zum Beispiel: Wer erzählt von früher? Wer bringt Fotos mit und wer übernimmt ein Kreisspiel? Vielleicht können Sie auch noch die eine oder andere Mutter dazu gewinnen, einen Kuchen beizusteuern.

Anstelle eines Großeltern-Nachmittags könnte man auch ein Frühstück organisieren.

Familienausflug ins Grüne

Im Frühling zeigt die Natur ihr neues Kleid und lädt uns ein, sie zu bestaunen. So ziehen die Kinder mit ihren Eltern und Erzieherinnen hinaus aufs Land. Beim frischen Grün der Bäume und Wiesen lässt sich auftanken und entspannen. Der Muttertag wird zum Familientag, wenngleich auch nicht der offizielle Festtag für den Ausflug gewählt wird. Mit etwas Glück findet sich ein Termin, zum Beispiel ein sonniger Freitagnachmittag oder ein Samstag im Mai, Juni oder Juli.

Der Muttertag wird durch einen gemeinsamen Ausflug ins Grüne zum Familientag.

Zu Hause würde bei der Ankündigung, wandern zu wollen, sofort Protest eingelegt. Die Kinder finden es langweilig, mühevoll und wollen viel lieber zu Hause vor dem Computer oder Fernseher sitzen. Die Erzieherin kann jedoch mit der Idee, anstelle einer Muttertagsfeier in der Kita einen Ausflug mit allen Familien ins Grüne anzubieten, Begeisterung auslösen. Kinder wie Eltern werden in die Vorbereitungen einbezogen. Als Ziel wählen wir eine Wiese, auf der ein Picknick, Spiele, und Vieles mehr angeboten werden. Wenn der Weg durch einen Wald führt und die Wiese an einem kleinen Weiher oder an einem Bach liegt, wären alle erträumten Vorstellungen von einem Ausflug ins Grüne erfüllt.

Treffpunkt ist die Kita. Bepackt mit einem Leiterwagen voller Köstlichkeiten zum Picknick und ein paar ausgewählten Spielutensilien ziehen alle los. Anfangs wandern die Familien noch etwas geschlossen in ihrer Gruppe, dann, allmählich lösen diese sich auf. Einige Kinder sind schon eine Wegbiegung auf Entdeckung voraus, treffen staunend auf Kühe, andere bleiben bei einem Steinchen, das ihnen ins Auge fällt, oder einer Schnecke stehen. Mehrere Jungen finden einen Stock, der als Wanderstab mit muss. Viele Dinge aus der Natur wecken das Interesse der Kinder und dadurch lernen auch die Eltern wieder aufmerksam zu werden für die kleinen Dinge in der Natur – im Leben. Wir nehmen die Weite, Schönheit der Felder und Wiesen, ihren Duft und ihre Farben wahr. Über uns der blaue Himmel, in der Ferne sanfte Hügel mit Wäldern … so macht Wandern Spaß!

Der erste Halt könnte an einem Waldstück sein. Hier lässt sich zum Spaß aller das Spiel »Bäume fotografieren« (→ S. 61f.) einfügen. An unserem Picknickplatz angekommen, speisen erst einmal alle genüsslich. Eine große ausgebreitete Tischdecke wird mit all den Leckereien zum Büffet. Jede Familie bietet ihre Spezialitäten an, wobei hier auch die Kochkünste mancher Väter zum Tragen kommen.

Nun ist die Zeit für Spiele – oder vergnügen sich die Kinder nicht schon längst, während die Erwachsenen noch essen und reden, am Bach? Sie bauen Staudämme, lassen Schiffchen schwimmen und plantschen – ist das ein Vergnügen! Die Kinder vermissen weder Schaukel noch Rutsche. Die Mädchen interessiert das Binden von Blumenkränzchen, das eine Mutter zeigt, ein Vater schnitzt aus Ästen kleine Pfeifchen, ein anderer zeigt, wie man aus Gräsern Töne lockt und veranstaltet mit den Kindern ein Konzert. Das allseits beliebte Schwungtuch kommt zum Einsatz. Lustig wird es, wenn sich die Väter und Mütter abwechselnd mit ihrem Kind in das Tuch legen dürfen und getragen werden.

Vorsicht vor all zuviel Programm! Es muss Zeit bleiben zum Reden und Entspannen. Vor allem brauchen alle den Freiraum, die Natur zu entdecken und sich mit ihr spielerisch auseinander zu setzen.

Variation zum Familienausflug –
Fahrradtour der Väter mit ihren Kindern

Die Väter radeln mit ihren Kindern zum vereinbarten Treffpunkt, während die Mütter mit dem Auto vorausfahren oder eine kürzere Strecke mit dem Rad nehmen. Dort bereiten sie in Ruhe und mit viel Zeit ein Picknick für alle vor. Die Mütter könnten ein Büffet aufbauen oder die Körbe mit den Leckereien etwas verstecken, vielleicht hinter Büschen, im hohen Gras, oder an die Bäume hängen. Bei Ankunft der Kinder und Väter tun sie so, als hätten sie alles zu Hause vergessen.

Zeitlich geschickt geplant, bleibt den Frauen noch Zeit für einen Kaffee und eine Unterhaltung unter sich in der Stille der Natur, bis es etwas lauter und lebendiger wird, wenn die Radler eintreffen.

Die Frage »War das nun ein Muttertag, ein Vatertag, oder ein Familientag?« erübrigt sich!

Organisatorische Tipps zum Familienausflug

- ☼ Picknickplatz und Wanderweg ausfindig machen, selbst erforschen und in etwa die benötigte Zeit berechnen.
- ☼ Kinder gestalten Einladung mit Rückantwortschein. Eine Wegbeschreibung/Skizze beilegen, Hinweis auf etwaige Regenkleidung geben.
- ☼ Picknick organisieren, was bringen die Eltern mit, was steuert die Kita bei?
- ☼ Vater oder Mutter als Fotograf und Reporter engagieren. Die Fotos zieren die Pinwände in der Kita und natürlich erscheint ein Bericht in der Kita-Zeitung.
- ☼ Erste-Hilfe-Kasten auf Vollständigkeit überprüfen und notfalls ergänzen.

Ein Spieltag für die Eltern in der Kita

Zur Organisation eines Spieltages gibt es zwei praktikable Möglichkeiten: Die Eltern bekommen einen Gutschein als Präsent und dürfen ihn an einem der angebotenen Tage, in Absprache mit dem Team, einlösen.

– Oder die Kita öffnet ihre Gruppen einen Freitagnachmittag für alle Eltern.

Variante I

Die Eltern erleben einen »normalen Tag« in der Gruppe. Es wird kein eigenes Programm aufgestellt, die Gäste werden in den Alltag integriert. Hierbei ist im Anschluss ein Gespräch mit den Eltern über deren Eindrücke sinnvoll.

Variante II

Die Eltern werden an diesem Tag als Gäste empfangen und mit einem Lied begrüßt. Die Kinder wollen ihren Vätern und Müttern Vieles zeigen und die Eltern wiederum bringen neue Ideen und Spielimpulse ein. Die Initiative wechselt von Kindern zu Eltern und umgekehrt. Das Freispiel nimmt also den ganzen Tag ein und wird nur unterbrochen von einer gemeinsamen Brotzeit. Die Eltern bringen alles, was sie sich zu einem Imbiss vorstellen mit, richten ihn auf einem vorbereiteten Büffet an und die Kita sorgt für die Getränke. – Oder die Kinder übernehmen die Bedienung der Eltern. Stolz reichen sie Körbchen mit Brot, Marmelade, Kräuterquark und Butter, alles an den Vortagen selbst hergestellt. Um für jeden einen Essplatz zu schaffen, ist Organisationstalent gefragt. Puppenecke und Nebenraum werden beispielsweise zum Restaurant umfunktioniert. Bei schönem Wetter findet man sich zur Brotzeit im Garten an Biertischen oder auf der Wiese ein.

Die Kinder übernehmen die Bedienung der Eltern. Stolz reichen sie Körbchen mit Brot, Marmelade, Kräuterquark und Butter.

Den Abschluss der Einladung bilden lustige Gemeinschaftsspiele in der Turnhalle oder im Garten und ein gemeinsames Lied, das die Eltern zum Mitsingen als Kopie bekommen.

Organisatorische Tipps zum Spieltag mit Eltern

♡ Der Spieltag soll nicht zum Sommerfest werden, an dem eine Attraktion die andere jagt. Vielmehr soll den Eltern und Kindern die Gelegenheit zum ausgiebigen Spielen spontan und nach eigenen Ideen gegeben werden.

- ❤ Die Kinder wollen über den Ablauf des Tages, über ihre Aufgaben und Möglichkeiten informiert sein. Auch sie sind es, die ihre Väter und Mütter animieren, zu kommen.
- ❤ Lösen die Eltern ihren Gutschein individuell ein, gilt es gut zu planen. Wer kommt wann? Nicht zu viele Eltern auf einmal!
- ❤ Werden sie in den Alltag integriert, ist es sinnvoll vorher schriftlich mitzuteilen, wie dieser üblicherweise abläuft und welche Möglichkeiten er den Eltern bietet. Geschickt und diplomatisch können Sie auch Ihre Wünsche an die Eltern für diesen Besuchstag anbringen.
- ❤ Ein kurzes Gespräch hinterher ist in jedem Fall wichtig. Sie wollen doch sicher etwas über die Eindrücke der Eltern erfahren und in diesem oder jenem Fall Unklarheiten aus dem Weg räumen können.

Wohlfühlprogramm für die Mütter

Einmal im Jahr wird »Mami« in der Kita so richtig verwöhnt. Die Mütter werden an einem Freitagnachmittag oder an einem Abend zu einem für sie zusammengestellten Wohlfühlprogramm eingeladen. Die Kinder gestalten die Einladungskarten auf denen die Erzieherinnen in groben Zügen das Programm mitteilen. Es sollte eine ganz besondere Veranstaltung werden, die sich von den üblichen Muttertagsfeiern abhebt. Im Vordergrund steht für die Mütter das Abschalten, ein Vergessen des Alltags für eine Weile. Ganz entspannt werden sie sich fühlen, wenn sie wieder den Nachhauseweg antreten. Wir sind sicher, dass die Mütter noch lange danach von dieser Einladung schwärmen.

Nun stellen wir Ihnen zwei Varianten vor: Einmal kommen die Mütter alleine in die Kita. Die Kinder sind nur bei den Vorbereitungen integriert. – Oder die Kinder sind voll engagiert bei der Vorbereitung dabei und übernehmen selbst einen Teil der Gestaltung.

Im Vordergrund steht für die Mütter das Abschalten, ein Vergessen des Alltags für eine Weile.

Variante I – eine meditative Entspannung

Gleich bei der Ankunft in der Kita werden die Mütter eine andere Atmosphäre wahrnehmen. Ein Hauch von Rosenduft aus der Aromalampe weht ihnen entgegen. Anstatt des hohen Geräuschpegels der Kindergruppen vernehmen sie sphärische Klänge. Sie werden in den meditativ vorbereiteten Raum gebeten. Bei gedämpftem Licht, in entspannender Atmosphäre legen sie sich auf die vorbereiteten Matten. Die Kinder haben die Plätze für ihre Mütter mit bemalten Namenskärtchen reserviert. So wissen sie auch, wo ihre »Mamis« liegen werden. Sind alle Angemeldeten anwesend, beginnt die Erzieherin mit gedämpfter Stimme die Fantasiereise »Ich bin ein Rosenstock« (→ S. 48f.) zu lesen.

Die Musik läuft im Hintergrund weiter. Nach der Rückführung in die Realität können die Mütter ihre Erlebnisse aus der Fantasiereise in symbolhafter Darstellungsweise malen. Ein Gespräch im Anschluss, wie es leider oft bei Fantasiereisen angesetzt wird, ist nicht angemessen. Dies würde nur die schöne entspannte Atmosphäre zerstören. Die Mütter könnten sich unter Druck gesetzt fühlen, wenn sie sich vor einer Gruppe zu ihren Gefühlen und Erlebnissen artikulieren müssten. Die am Boden liegenden Zeichnungen könnten in einem Rundgang betrachtet werden, bevor sie die Müttern einpacken. Wie es zu einem richtigen Wohlfühl-Programm gehört, erwartet die Mütter eine Bar mit herrlich frisch gepressten Säften oder Milchshakes und Gelegenheit für Gespräche.

Die Rose aus der Fantasiereise nehmen sie als Geschenk mit nach Hause – auch die Kita will einmal »Danke« sagen. Die Kinder haben eigens dafür eine Flasche als Vase bemalt.

Falls »Ihre« Mütter nicht so gerne malen, wird am Ende ein Fläschchen Rosenduftöl in der Runde herumgereicht, eine Mutter tupft der nächsten einige Tropfen auf den Handrücken.

Variante II – eine Handmassage der Kinder für ihre Mütter

Die Mütter sind zu einem Wohlfühl-Programm eingeladen, an dem die Kinder erheblich mitbeteiligt sind. Wie oben erwähnt, liegen die Mütter entspannt in einem entsprechend vorbereiteten Raum. Die Kinder setzen sich daneben und massieren ihrer Mutter mit selbst hergestellter Handcreme (→ S. 79f.) liebevoll die Hände. Die Erzieherin begleitet diese Aktion mit Worten und führt so die Kinder in ihrem Handeln. Im Hintergrund läuft Musik. Anschließend folgt eine Fantasiereise (→ S. 48f.) zu der sich die Kinder an ihre Mutter kuscheln und »mitträumen«. Den Abschluss der Einladung bildet ein lockeres Gespräch an der Saftbar. Bei der Vorbereitung der frisch gepressten Säfte und der Dekoration der Bar sind die Kinder freudig engagiert. Sie übernehmen die Bedienung der Mütter und meistern ihre Gastgeberrolle bravourös.

Vielleicht bieten Sie auch einen Büchertisch mit ausgewählter Literatur zur Entspannung und zur Herstellung von Naturkosmetik an. Für jede Mutter liegt auch die Fantasiereise kopiert zum Mitnehmen auf. – Und natürlich wird ihnen das Töpfchen Handcreme als Präsent überreicht.

Organisatorische Tipps zum Wohlfühlprogramm

- ♡ In der Einladung die Mütter bitten, in bequemer Kleidung zu erscheinen.
- ♡ Einladung mit Rückantwort gestalten.
- ♡ Kinder malen Platzkarten für die Mütter und bemalen eine Flasche als Vase.
- ♡ Decke und kleines Kissen vielleicht von den Müttern selbst mitbringen lassen.
- ♡ Mit den Kindern eine Handcreme herstellen.
- ♡ Ein Gespräch mit den Kindern über die Hände der Mütter, was sie alles für uns tun, ist Voraussetzung für das Verständnis dieser Aktion.
- ♡ Selbst ausprobieren, sich gegenseitig die Hände zu massieren hilft den Kindern bei der Umsetzung mit ihrer Mutter.

Bausteine

für die praktische Arbeit

Geschichten und Gedichte

Ein ganz besonderes Geschenk

In Lisas Zimmer ist es alles andere als ordentlich, überall liegt Spielzeug verstreut! Lisas Puppe Marion hängt mit zerzausten Haaren über der Stuhllehne, Puppengeschirr findet sich inmitten von Puppenkleidern und unter dem Bett stapeln sich bereits die Bauklötze. In all dem Durcheinander sitzt Lisa auf dem Boden umgeben von Papier in allen Farben, Wolle, bunten Filzstiften. Morgen ist Muttertag und Lisa hat noch kein Geschenk! Ob sich Mama über ein selbst gemaltes Bild freut? Ein besonders schönes soll es werden, damit sie sich wirklich freut. Vor allem aber soll es eine echte Überraschung sein. Hoffentlich kommt Mama nicht auf die Idee, ins Zimmer zu schauen. All zu groß ist die Gefahr nicht, da sie im Moment mit Staubsaugen beschäftigt ist. Falls sie aber doch kommt, hat Lisa für diesen Fall schon vorsorglich eine Decke bereitgelegt, die sie dann schnell über ihr Bild ziehen will. Nach einigem Überlegen entschließt sich Lisa, aus all den Papierresten ein Haus mit einer bunten Blumenwiese zu kleben und Mama, Papa und sich selbst dazu zu malen. Sorgfältig sucht sie sich das Papier zusammen und überlegt, welche Farben sie dafür nimmt. Nun fehlt nur noch der Kleber! Lisa steigt geschickt über all das Spielzeug und die herumliegenden Kisten, um an die Schublade zu gelangen, in der sich der Kleber befindet. Das Staubsaugergeräusch verstummt und Lisa hört ihre Mutter rufen: »Lisa räum bitte dein Zimmer auf. Es sieht aus wie in einem Saustall!« Erschrocken und etwas verwundert antwortet Lisa nicht. Woher wusste Mama, dass das Zimmer noch schlimmer als gestern aussah? Sie befürchtet, dass Mama kommt und sie nicht mehr genug Zeit hat, die Überraschung zu verbergen. Lauter als zuvor schimpft nun ihre Mutter

»Elisabeth kannst du nicht hören, räum bitte dein Zimmer endlich auf!« Nun weiß Lisa, dass Mama wirklich ärgerlich ist. Elisabeth sagt sie nur, wenn die Lage ernst ist. Lisa denkt: »Immer dieses blöde Aufräumen!« Bevor sie jedoch antworten kann, hört sie, wie ihre Mutter wieder mit dem Staubsaugen beschäftigt ist. Irgendwie hat sie nun keine Lust mehr am Bild weiterzuarbeiten. Der Kleber bleibt in der Schublade, das unfertige Werk verstaut sie in einer Mappe, in der schon andere Bilder sind, die Stifte legt sie in ein Mäppchen und das Papier in eine Schachtel. Lisa schaut sich um und findet, dass es nun schon viel ordentlicher im Zimmer aussieht. Da kommt ihr plötzlich eine glänzende Idee. Schnell holt sie sich ein großes Papier, Stift und Klebestreifen. Mit großen Buchstaben schreibt sie darauf: »ZIMMER NICHT BETRETEN – STRENG GEHEIM«! Vorsichtig öffnet sie die Türe, schlüpft hinaus und befestigt den Zettel an der Zimmertür. Nun weiß sie, womit sie Mama zum Muttertag überraschen will. Gibt es ein schöneres Geschenk, als das Kinderzimmer superordentlich aufzuräumen? Mit Feuereifer macht sich Lisa an die Arbeit. Sorgfältig kämmt sie ihre Puppe und bettet sie in den Puppenwagen. Sie holt

die Bausteine unterm Bett hervor und ordnet sie in die dafür vorgesehene Kiste und sie verstaut das Puppengeschirr im Geschirrschrank der Puppenecke. Lisa ist jedoch noch nicht ganz zufrieden. Heimlich schleicht sie sich in die Küche und holt ein weißes Tortendeckchen und eine kleine Vase. Mit dem Deckchen schmückt sie den kleinen Tisch in ihrem Zimmer und für die Vase will sie noch Blümchen für Mama auf der Wiese pflücken. Dann kramt sie aus ihrer Papierkiste einen Karton in roter Farbe und schneidet daraus ein großes Herz. Darauf schreibt sie »Für Mama!« und auf die Rückseite malt sie mit großen Buchstaben: »GUTSCHEIN FÜR EINMAL FREIWILLIG AUFRÄUMEN!« Mehr will Lisa nicht versprechen, denn schließlich will sie ihr Versprechen auch halten. In einer Schublade findet sie noch ein weißes Geschenkband mit roten Punkten. Mit der Spitze ihrer Schere bohrt sie ein Loch oben in das Herz, zieht das Band durch und bindet eine große Schleife. Ein wenig stolz auf sich betrachtet Lisa ihr Werk und findet nun auch, dass es in einem aufgeräumten Zimmer viel gemütlicher ist. Ganz gespannt ist sie aber darauf, was wohl Mama am nächsten Morgen dazu sagen wird. Bis dahin wird sie kein Sterbenswörtchen verraten!

In dieser Geschichte äußert die Mutter einen Wunsch, der dem Kind anfangs nicht gefällt. Es erfährt, dass nicht unbedingt das, was einem selbst Spaß macht, dem anderen Freude bereitet.

Angeregt durch diese Geschichte überlegen die Kinder, womit sie ihrer Mutter, ihrem Vater eine ganz besondere Freude machen können. Ein schönes Geschenk zum Mutter- oder Vatertag ist ein Gutscheinheft (→ S. 70f.), das die Kinder selbst gestalten.

Wie aus dem Muttertag ein Omatag wurde

Wie jeden Morgen um 9 Uhr versammeln sich die Kinder des Kinderhauses »Rappelkiste« zum Morgenkreis. Frau Berger greift sich die Gitarre und alle singen »Ich sag dir guten Morgen und lach dir freundlich zu …«. Dann holt sie ihre Liste hervor und notiert, wer von den Kindern anwesend ist und wer fehlt. Karl liegt schon seit Tagen mit einer schlimmen Erkältung im Bett und kann die Kita nicht besuchen. Thomas berichtet davon, dass sein Freund Sebastian mit den Eltern nach Spanien gefahren ist. Ein wenig traurig ist er schon, da er ihm zum Spielen fehlt.

Nun erzählt Frau Berger davon, dass an einem Sonntag in zwei Wochen ein Fest gefeiert wird, an dem alle Kinder ihren Müttern mit einem Geschenk danken. Sie will von den Kindern wissen, was das für ein Fest sei. Maria weiß es und ein wenig stolz sagt sie in die Runde: »Es ist der Muttertag!« Nun erinnern sich auch die anderen Kinder und erzählen, wie sie letztes Jahr den Tag gefeiert haben. Thomas hat gemeinsam mit seinem Papa das Frühstück gemacht, Sabine Gänseblümchen auf der Wiese gepflückt und sie der Mama geschenkt und Werner hat zusammen mit seiner älteren Schwester einen Herzkuchen gebacken. Nach und nach erzählen alle Kinder, wie sie ihre Mama beschenkt haben. Nur Michael bleibt stumm, er erinnert sich noch genau an letztes Jahr. Da war er noch bei seinen Eltern. Mama und Papa stritten sich wieder einmal, worüber weiß er nicht mehr so genau. Den ganzen Tag über war ziemlich dicke Luft und von einem schönen Muttertag war nichts zu spüren. Zwischen seinen Eltern kam es immer häufiger zum Streit. Papa zog aus der gemeinsamen Wohnung aus und Mama suchte sich eine Arbeitsstelle. Eines Tages brachte sie Michael dann zu seiner geliebten Oma. Mama oder Papa kamen immer wieder mal zu Besuch, meist an den Wochenenden. Manchmal holte ihn auch sein Papa ab und sie besuchten den Zoo, gingen ins Kino oder zum Pizza essen. Das war jedes Mal ganz schön, aber abends brachte ihn sein Papa wieder zu Oma zurück. Als Papa sah, wie schwer Michael der Abschied fiel, sagte er: »Das musst du verstehen, deine Mama lebt ja jetzt woanders und ich bin mit einer anderen Frau zusammen.« Das machte Michael ganz traurig, und wenn seine Omi das bemerkte, nahm sie ihn fest in die Arme und versuchte ihn zu trösten. »Michael, deine Eltern haben sich einfach nicht mehr verstanden und nur noch miteinander gestritten. Da haben sie sich dann getrennt, Mama ist in eine andere Stadt gezogen und Papa hat jetzt eine neue Frau. So ist das manchmal mit den Erwachsenen. Aber sie sind und bleiben beide deine Eltern und sie wissen, dass du es gut bei mir hast!«

Jetzt ist er nicht mehr ganz so traurig, weil er sich bei seiner Omi so richtig wohl fühlt. Hin und wieder passiert es, dass er zu ihr Mama sagt. Das ist für ihn jedoch völlig in Ordnung, weil seine Omi fast so etwas wie eine Mami für ihn ist. Ganz toll findet er es, dass sie fast immer Zeit für ihn hat und zusammen haben sie jede Menge Spaß. Erst vor kurzem hat sie zwei Roller gekauft, einen für sich selbst und einen für Michael. Und nun flitzt sie mit ihm um den Häuserblock. Er ist sich ganz sicher, dass das nur wenige Omas machen und sie haben jedes Mal ihre Freude daran, wenn die Nachbarn ganz verdutzt dreinschauen.

Michael ist ganz in seinen Gedanken versunken, als er plötzlich seinen Namen hört. »Michael, du hast uns noch nichts erzählt!«, sagt Frau Berger. Ganz leise antwortet Michael: »Wir feiern keinen Muttertag, weil ich bei der Oma wohne!« Frau Berger überlegt ein wenig und meint dann: »Soviel ich weiß, hast du deine Oma sehr lieb! Da deine Oma schließlich auch eine Mutter ist, könntest du doch einen Omatag feiern!« Michael gefällt die Idee und er nickt zustimmend. »Gut, dann wollen wir uns Geschenke für eure Mamas oder Omas überlegen!«, verkündet Frau Berger.

Eifrig machen die Kinder Vorschläge, wie z.B. besonders lieb sein, Zimmer aufräumen, Kuchen backen, ein schönes Bild malen, Frühstück machen. Frau Berger schlägt ein großes Bastelbuch mit vielen bunten Bildern auf. Papierblumen in allen Farben, geflochtene rote Herzen, Duftsäckchen mit Kräutern und viele andere schöne Dinge sind da zu sehen. Michael gefällt am besten ein lustiger Vogel aus Holz, der einen Zettel im Schnabel hält. Frau Berger sagt dazu, dass die Mami ja all das auf den Zettel schreiben könnte, was sie keines falls vergessen darf. Da muss Michael an seine Omi denken. Neulich hat sie beim Einkaufen die Eier für das Kuchenbacken vergessen und gestern hat sie doch glatt ihren Friseurtermin verpasst. Das wäre mit Sicherheit nicht passiert, wenn sie sich alle wichtigen Termine aufschreiben würde. Ein Vogel als Zettelhalter wäre genau das richtige Geschenk für Oma, findet er. Gleich morgen will er sich mit Hilfe von Frau Berger eine Sperrholzplatte und eine Laubsäge organisieren. Seiner Omi darf er aber nichts verraten, denn schließlich will er sie am Sonntag damit überraschen.

Gegen Ende des Gesprächskreises verkündet Frau Berger noch, dass alle ihre Mama, ihren Papa, ihre Oma zu einem Fest in das Kinderhaus einladen dürfen und da noch jede Menge zu tun sei, braucht sie die Hilfe von allen. Die Kinder sind begeistert von dieser Idee und möchten am liebsten gleich mit den Vorbereitungen zum Fest anfangen. Frau Berger meint jedoch »Morgen ist auch noch ein Tag! Da wollen wir gemeinsam überlegen, was alles für das Fest vorbereitet werden muss. Streng geheim natürlich, die Eltern dürfen nichts erfahren!«

Anregung zur Weiterführung

Diese Geschichte konfrontiert die Kinder mit der Situation der fehlenden Eltern und macht sie vertraut mit den möglichen Ursachen. Die Kinder erfahren aber auch, dass andere Personen kurz- oder langfristig die Rolle der Mutter übernehmen, diese jedoch nicht ersetzen können. Da sie ihre eigene Situation mit der von Michael vergleichen, kann sich ein Gespräch über verschiedene Familienformen entwickeln.

Weiterhin eignet sich die Geschichte als Einstieg für die Festvorbereitungen zum Muttertag. Sicher wollen die Kinder erzählen, wie sie zu Hause Muttertag feiern. Zudem werden sie motiviert, tatkräftig bei den Vorbereitungen für das Fest mitzuwirken.

Mein Papa ist Hausmann

»Mona aufstehen, das Frühstück ist fertig!«, ruft Papa aus der Küche. Es duftet nach Kakao und frischen Brötchen, aber Mona hat noch keine Lust aufzustehen. Sie ist so müde. »Nur noch ein paar Minuten schlafen«, denkt sie und dreht sich zur Seite. »Mona steh auf, sonst kommst du zu spät in die Schule!«, mahnt Papa nun mit ernster Stimme. Sie reibt sich die Augen und noch schlaftrunken wankt sie ins Badezimmer, um sich zu waschen und anzukleiden. Mona freut sich auf das gemeinsame Frühstück mit Papa. Vor nicht allzu langer Zeit war das noch eine hektische Angelegenheit. Papa musste dringend ins Büro und Mutter ins Krankenhaus, wo sie als Ärztin tätig ist. Meist blieb kaum Zeit fürs Frühstücken. Wie so oft ging sie mit leerem Magen aus dem Haus mit ein paar Mark in der Tasche für ein Pausenbrot. Wenn sie von der Schule nach Hause kam, wärmte sie sich das auf, was ihr Mama vorkochte. Manchmal aß Mona aber auch gar nichts, oder nur das, worauf sie gerade Lust hatte, oder einfach zwei, drei Schokoriegel. Mama merkte das wohl manchmal, aber da sie oft so spät nach Hause kam, sagte sie meist nichts dazu. Papa schimpfte jedoch, wenn Mona wieder einmal

nichts Vernünftiges gegessen hatte. Und die Hausaufgaben? Manchmal hätte Mona wohl gerne jemanden gehabt, der ihr bei den schwierigen Matheaufgaben geholfen hätte. Aber mit ihren Eltern war das nicht so einfach. Mama musste oft länger im Krankenhaus bleiben und kam dann erst heim, als Mona schon anfing, sich fürs Schlafengehen fertig zu machen. Und Papa war auch meist müde, wenn er aus dem Büro kam. Oft fuhr er dann noch mit Mona eine Runde mit dem Fahrrad. Und wenn er nach den Hausaufgaben fragte, dann gab Mona meist vor, dass alles erledigt sei. Das war natürlich dumm von ihr, und es kam, wie es kommen musste!
Sie bekam schlechte Noten und ihre Versetzung war gefährdet. Aber so konnte das nicht weiter gehen! Mona erinnert sich noch genau an den Abend, an dem ihre Eltern bis spät in die Nacht miteinander diskutierten. Das taten sie dann noch einige Abende lang. Am Ende kamen sie zu dem Entschluss, dass Papa seinen Job im Büro zunächst einmal aufgeben und von nun an zu Hause bei Mona bleiben wollte. Für Mama kam das nicht in Frage, da sie ihren Beruf sehr liebte und

mehr Geld als Papa verdiente. Papa meinte: »Vielleicht gefällt mir das ja sogar, warum soll ich das nicht einmal ausprobieren, so den ganzen Tag zu Hause zu sein: Frühstück herrichten, Geschirr abwaschen, einkaufen, die Wohnung aufräumen, Mittagessen vorbereiten, mit Mona Hausaufgaben machen. Es gibt bestimmt genug zu tun im Haus.« Und nach einiger Zeit, als er in seiner Firma alles in die Wege geleitet hatte, verkündete Papa eines Tages: »Ab morgen bin ich Hausmann!«

Mona findet, dass Papa seine Sache gut macht. Er hält die Wohnung in Ordnung und kocht leidenschaftlich gern und wenn Mona ehrlich ist, kocht ihr Papa eigentlich besser als ihre Mama. Oft überrascht er seine zwei Frauen, das sagt er manchmal so, wenn er gut drauf ist, mit leckeren und hübsch angerichteten Speisen. Eigentlich kocht er super, denkt Mona. Überhaupt ist jetzt alles viel besser als früher: Es ist immer jemand da, wenn Mona nach der Schule nach Hause kommt, sie essen gemeinsam und Mona hilft dann beim Geschirr spülen mit.

Besonders freut es Mona, dass ihre Noten nun so gut sind, dass sie in die nächste Klasse aufrücken kann. Das hat sie auch ihrem Papa zu verdanken, weil er ihr bei den Hausaufgaben immer dann hilft, wenn sie selbst nicht mehr weiter weiß. Die Schule macht ihr jetzt sogar Spaß. Schade ist nur, dass Mama die Woche über so wenig zu Hause ist. Um so mehr freut sich Mona auf die Wochenenden, weil dann die Familie zusammen ist. Mama lässt es sich nicht nehmen, alle zu bekochen und bei Tisch haben sie sich immer viel zu erzählen. Manchmal machen sie auch einen Ausflug, in den Zoo, in den Park oder ins Schwimmbad. Oder sie gehen alle zusammen ins Kino. Auf den nächsten Sonntag freut sich Mona besonders, da ist nämlich Muttertag. Für Mama hat sie sich ein tolles Geschenk ausgedacht, sie bekommt von ihr ein Schlüsselbrett für die Diele geschenkt. Papa hat beim Aussägen geholfen und sie hat dann noch das Holz mit bunten Blumen bemalt. Doch nicht nur für Mama hat sie eine Überraschung, sondern auch für Papa. Für ihn hat sie ein Gedicht aufgeschrieben und dieses mit einem Muster umrahmt. Für den Sonntag hat Mona sich vorgenommen noch vor den Eltern aufzustehen, um heimlich den Frühstückstisch mit dem schönen Porzellan zu decken. Hoffentlich verschläft sie nicht! Nun muss sie sich aber beeilen, damit sie mit Papa noch gemütlich frühstücken kann, bevor sie das Haus verlässt.

Anregungen

Auch wenn nur wenige Männer ihren Beruf aufgeben und sich für die Rolle des Hausmanns entscheiden, ist dies durchaus ein praktikables Modell, mit dem die Kinder in der Kita konfrontiert werden können. Für Kinder ist an dieser Geschichte interessant, dass ein Mann Arbeiten übernimmt, die ansonsten traditionell Frauen- oder Mütterarbeit sind. Daraus kann sich ein Gespräch über die Aufgabenverteilung in der Familie entwickeln.

Als Gott die Mutter erschuf

Als der liebe Gott die Mutter schuf, machte er bereits den sechsten Tag Überstunden. Da erschien ein Erzengel, schaute eine Weile zu und sagte dann: »Lieber Gott, du bastelst aber schon lange an dieser Figur!«

Und Gott sprach: »Hast du die vielen speziellen Wünsche auf der Bestellung gesehen? Sie soll pflegeleicht, aber nicht aus Plastik sein. Sie soll 160 bewegliche Teile haben, Nerven wie ein Drahtseil. Einen Schoß, auf dem einige Kinder gleichzeitig sitzen können und trotzdem muss sie auf einem Kindersessel Platz haben. Sie soll einen Rücken haben, auf dem sich alles abladen lässt. Sie soll in einer überwiegend gebückten Haltung leben können, ohne Rückenschmerzen zu bekommen. Ihr Trost soll alles heilen, von der Beule bis zum Seelenschmerz. Sie soll sechs Paar Hände haben …«

Da schüttelte der Erzengel den Kopf und meinte: »Sechs Paar Hände, das wird nicht möglich sein.« Der liebe Gott antwortete: »Die sechs Paar Hände machen mir keine Sorgen. Aber die drei Paar Augen, die sie haben muss.«

Wieder fragte der Erzengel: »Gehören die denn zum Standardmodell?« Und der liebe Gott nickte: »Ein Paar Augen, das durch geschlossene Türen blickt, während sie fragt: ‚Was macht denn ihr da drüben?' – obwohl sie es längst weiß. Ein weiteres Paar im Hinterkopf, mit dem sie sieht, was sie nicht sehen soll, aber wissen muss. Und natürlich noch zwei Augen vorn, aus denen sie ein Kind ansehen kann, das sich unmöglich benimmt. Zu dem sie trotzdem sagt: ,Ich verstehe dich und hab dich sehr lieb!' – ohne dass sie ein einziges Wort spricht.«

»O Herr!«, sagte der Erzengel und zupfte ihn leise am Ärmel, »geh jetzt schlafen und mach morgen weiter!« Doch der liebe Gott erwiderte: »Ich kann nicht, denn ich bin nahe daran, etwas zu schaffen, das mir einigermaßen ähnlich ist. Ich habe es bereits geschafft, dass sie sich selbst heilen kann, wenn sie krank ist. Dass sie eine Lieblingsspeise für alle kochen kann. Dass sie eine Dreijährige davon überzeugen kann, dass Buntstifte nicht essbar sind. Dass sie einen Sechsjährigen dazu bringen kann, sich vor dem Essen die Hände zu waschen. Dass sie einem Zehnjährigen erklären kann, dass Füße überwiegend zum Gehen da sind und nicht zum Treten.

Der Erzengel ging langsam um das Modell der Mutter herum, betrachtete es genau und seufzte dann: »Zu weich. Viel zu weich.«

Doch Gott sprach: »Aber sehr zäh! Du glaubst gar nicht, was sie alles leisten und aushalten kann!«

Der Erzengel fragte: »Kann sie auch denken?« Der liebe Gott lachte: »Nicht nur denken, auch diskutieren, urteilen und Kompromisse schließen – und vergessen.«

Noch einmal fragte der Erzengel: »Das alles könnte doch auch ein Roboter. Warum plagst du dich so mit diesem Modell?«

Der liebe Gott erklärte wieder: »Eine Maschine ist kalt und nicht sehr beweglich. Eine Mutter hat Gefühle, damit schenkt sie Wärme, Liebe, Geborgenheit, Geduld, Trost. Sie zeigt ihre Gefühle und gibt sie weiter. Sie ist das, was die Sonne für die Welt ist. Ohne sie ginge gar nichts. Alle brauchen sie.« Schließlich beugte sich der Erzengel vor und fuhr mit einem Finger über Augen und Wangen. Dann rief er: Da ist ein Leck! Da läuft was aus! Ich habe dir ja gesagt, du versuchst zu viel in das Modell hinein zu verpacken.«

Doch Gott erklärte: »Das ist keine undichte Stelle. Das ist eine Träne. Sie fließt bei Freude, Trauer oder Enttäuschung, bei Schmerz oder Verlassenheit. Die Tränen sind das Überlaufventil!«

Da sagte der Erzengel voller Bewunderung: »Lieber Gott, du bist ein Genie! Und Gott lächelte versonnen und sprach: »Ich weiß. Und darum ist mir eine gute Mutter so ähnlich.«

Anregung zur Weiterführung

Als Geschichte, die Kinder zum Nachdenken und Diskutieren anregen soll und als Elternbrief mit den besten Wünschen zum Muttertag freuen sich die Empfänger sicherlich darüber.

Mit älteren Kindern lässt sich sehr gut über den Inhalt der Geschichte diskutieren. Sie erzählen Situationen, in denen ihre Mutter Unmögliches möglich machte, aber auch vom ganz «normalen Alltag».
Die Kinder malen die Geschichte. Es kann auch ein Bilderbuch hierzu entstehen, das die Mutter als Geschenk erhält.

Lieber Papa

Lieber Papa
was ich für dich habe,
ist diese kleine Gabe.
Ich hab sie selbst erdacht
Und nur für dich gemacht.

Ein langes Gedicht
Das merk ich mir nicht,
drum sag ich nicht mehr,
als: Ich liebe dich sehr.

Mit diesem bunten Strauß

Mit diesem bunten Blumenstrauß
Wolln wir dir Danke sagen,
dass du stets lieb gewesen bist
zu uns, den kleinen Plagen.
Wir danken, beste Mutti dir
für alle Liebe sehr.
So einen Schatz, den geben wir
bestimmt nie wieder her.
Alfons Schweiggert

Beste Wünsche

Und ist mein Herz auch noch sehr klein
so schließt es tausend Wünsche ein.
Die schenk ich meiner Mama heut,
damit sie sich so richtig freut.

Wir gratulieren

Wir wollen dir von Herzen gratulieren
Und gar nicht viele Worte verlieren,
sondern nur zum Vatertag dir sagen,
dass wir dich mögen an allen Tagen!

Motherday-Poems

I love Mommy, I love Mommy.
Yes I do! Yes I do!
And my Mommy loves me,
Yes, my Mommy loves me,
Loves me too, loves me too.
(lässt sich nach der Melodie von Bruder Jakob singen)

Mother, my darling, Mother my dear!
I love you, I love you,
Each day of the year.

Meine Mutter

Von allen Müttern auf der Welt
ist keine, die mir so gefällt
wie meine Mutter, wenn sie lacht,
mich ansieht, mir die Tür aufmacht.
Auch wenn sie aus dem Fenster winkt
und mit mir rodelt, mit mir singt
und nachts in Ruhe bei mir sitzt,
wenn's draußen wettert, donnert, blitzt
und wenn sie sich mit mir versöhnt
und wenn ich krank bin, mich verwöhnt.
Ja, was sie überhaupt auch tut,
ich mag sie immer, bin ihr gut.
Und hin und wieder wundert's mich,
dass wir uns fanden – sie und ich.
Rosemarie Neie

Ich lieb dich

Ich lieb dich so fest
wie der Baum seine Äst,
wie der Himmel seine Stern,
grad so hab ich dich gern.

Ohne Mutti geht es nicht

Wir wären nie gewaschen
Und meistens nicht gekämmt,
die Strümpfe hätten Löcher
und schmutzig wär das Hemd.

Wir äßen Fisch mit Honig
und Blumenkohl mit Zimt,
wenn du nicht täglich sorgtest,
dass alles klappt und stimmt.

Wir hätten nasse Füße
Und Zähne schwarz wie Ruß
Und bis zu beiden Ohren
Die Haut voll Pflaumenmus.

Wir könnten auch nicht schlafen,
wenn du nicht noch mal kämst
und uns bevor wir träumen
in deine Arme nähmst.

Und trotzdem sind wir alle
auch manchmal eine Last,
was wärst du ohne Kinder?
Sei froh, dass du uns hast!
© *Eva Rechlin*

Sprüche für die »Kleinen«

Mein Wunsch ist kurz, mein Wunsch ist klein,
sollst alle Tage glücklich sein!

Ich wünsche dir mit Herz und Mund,
meine Mami, bleib glücklich und gesund!

Spiele und Aktionen

Eine Fantasiereise für die Mütter

Zum Wohlfühlprogramm für die Mütter gehört in jedem Fall eine Fantasiereise, bei der sie sich richtig entspannen, Energie und Freude tanken können.

Das braucht man dazu

Abgedunkelter Raum, am besten mit Teppichboden. Duftlampe mit Rosenaromaöl, für jede Mutter eine Matte oder eine Decke und ein Kissen (vielleicht können sie diese Dinge selbst mitbringen), Entspannungsmusik, für jede Mutter eine Rose und eine Vase.
Die Mütter werden in der Einladung informiert, in bequemer Kleidung zu erscheinen.

Einstimmung

Die Mütter sitzen im Kreis am Boden und schließen die Augen. Sie falten die Hände zu einer Schale. Jede Mutter bekommt von der Erzieherin vorsichtig eine Rose in die Hände gelegt. Sie öffnen nun die Augen wieder, freuen sich, bewundern die Rose und nehmen ihren Duft wahr.
Sie legen sich nun auf den Boden – so wie es ihnen bequem ist, die Rose ziert ihren Oberkörper. Langsam schließen sie die Augen und entspannen sich. Beginnen Sie Ihre Einstimmung wie folgt:

»Fühlt euch ganz bequem auf dem Rücken – bewegt euch noch ein bisschen hin und her, bis ihr ganz ruhig daliegen könnt. So, und jetzt schaut mal, wie ihr atmet, spürt genau, wie die Luft durch die Nase hereinkommt – und wie sie wieder hinausgeht, hereinkommt – und wieder hinausgeht. Und immer, wenn ihr ausatmet, wird euer Körper leichter und lockerer, liegt ihr immer noch bequemer auf dem Boden. – Und wieder ausatmen – und leicht und locker und bequem daliegen – immer mehr und immer mehr. – Jetzt bist du schon ganz leicht und locker und ruhig, liegst entspannt auf dem Boden, so, als ob du schlafen würdest – aber tatsächlich bleibst du, mit geschlossenen Augen, ganz, ganz wach. – Jetzt nehme ich dich mit auf eine Reise zu dir selbst.

Stell dir vor, du bist ein Rosenstock …
Auch, wenn es nun draußen Winter ist, du fühlst dich wohl, denn Mutter Erde schützt dich vor Kälte und Eis. Allmählich kommt der lang ersehnte Frühling und weckt dich aus der Winterruhe. Denk noch einmal daran, dass du jetzt ein Rosenstock bist. Sonne und Regen dringen nun wieder stärker in die Erde ein. Tag für Tag wird die Sonne mit ihren wärmenden Strahlen stärker und somit auch du. Deine innere Kraft lässt kleine Zweige sprießen. Zarte grüne Blätter entwickeln sich. Auch sie werden Tag für Tag stärker, so dass sie Wind und Regen trotzen können. Auch deine Wurzeln vervielfältigen sich, bilden ein Netzwerk und verankern sich fest in der Erde. Du hast nun einen starken Halt und kannst allen Widerständen trotzen.  Die wärmenden Strahlen der Frühlingssonne und der Regen sind ein Genuss für dich. Auch die gute Erde gibt dir Kraft. Du fühlst dich richtig wohl und entwickelst dich dem Licht entgegen. Nun ist es an der Zeit, deine Knospen sprießen zu lassen. Jeden Tag mehr entfaltest du deinen kleinen festen Kopf zu einem Wunderwerk. Genüsslich rollst du Blatt für Blatt auf. Du kannst dir dabei Zeit lassen. – Viel, viel Zeit, Stunden und Tage – bis du mit deinen unzähligen Blütenblättern zu einer Rose in voller Pracht erstrahlst. – Eine intensive Anziehungskraft und Energie geht nun von dir aus. Gegen negative Einflüsse sind dir Dornen gewachsen, die deiner Anmut keinen Abbruch tun. Du wendest deine Blüten der Sonne entgegen. Ein herrlicher Duft geht von dir aus, der die ganze Luft erfüllt. Ein lauer Wind wiegt dich und du genießt dein Dasein in vollen Zügen. – Magisch ziehst du viele Besucher und Bewunderer an. Verzaubert nehmen die Menschen deine Anmut, Schönheit und Kraft wahr. Bienen holen sich Nektar und ein Schmetterling, auf dir ruhend, verzückt jeden Betrachter. Du strahlst mit der Sonne um die Wette und bist glücklich und zufrieden. In der Kühle der Nächte ruhst du dich aus. Erfrischt und mit Tautropfen wie kostbare Perlen geschmückt beginnt der neue Tag in deinem Leben. –

Jetzt ist es wieder an der Zeit aufzuwachen. So spüre deinen Atem ein bisschen deutlicher, atme etwas kräftiger und mache damit deinen Körper lebendiger. Komme ganz zurück in deine Beine, deinen Rumpf, deine Arme und den Kopf. – Gönne dir ein paar lange, gute, tiefe Atemzüge, die dich noch frischer und lebendiger machen. – Dehne und strecke dich, so wie es dir Spaß macht – und mache jetzt ganz langsam die Augen wieder auf und komm hoch zum Sitzen, frisch und munter und gesund!«

Ausklang

Die Mütter stellen ihre Rosen in bereitgestellte und mit Wasser gefüllte Vasen. Die Kinder haben Flaschen bemalt, die jetzt als Vasen verschenkt werden.

Anstelle des Malens nach der Fantasiereise bildet auch das Weitergeben eines Rosenölfläschchens einen schönen Abschluss. Die Mütter träufeln sich gegenseitig Rosenöl auf die Handoberflächen und nehmen den Duft als angenehme Erinnerung mit.

Mutters Hände

Hier sollen die Kinder erkennen, was die Mutter für sie alles mit ihren Händen tut. Es gilt nicht nur die Hausarbeit zu erkennen, sondern auch die vielen lieben Gesten der Mutterhände, ohne die ein Kinderalltag oft sehr traurig wäre.

Das wird gebraucht
Fotos oder Kunstdrucke mit Abbildungen von Händen verschiedenen Alters und bei verschiedenen Tätigkeiten.

So geht's
Die Kinder sitzen ganz ruhig und entspannt im Kreis und schließen die Augen. Die Erzieherin spricht:
»Legt eure Hände ineinander. Eine Hand spürt die andere, spürt wie warm und weich eure Hände sind. Ertastet nun eure Hände, mit der einen Hand die andere Hand! Reibt sie ein bisschen und spürt die Wärme, die sich entwickelt. Fühlt nun die Handinnenfläche, fahrt die Form der Finger nach und die ganze Hand außen herum. Dreht eine Hand um und fühlt den Handrücken. Sucht nun am Handgelenk nach eurem Puls (nur bei älteren Kindern). Öffnet nun eure Augen wieder und schaut eure Hände noch einmal ganz genau an. Die Kinder erzählen, was sie gesehen und gefühlt haben. Die Kinder erzählen vom Pflaster am Finger, von der Wärme, die sie gespürt haben, von den Fingernägeln, von Linien und Furchen. Es entwickelt sich ein Gespräch, das die Erzieherin zum Beispiel mit folgenden Impulsen lenkt.

Gesprächsimpulse

Was macht euere Mutter alles mit ihren Händen? Die Kinder werden von der Hausarbeit, vielleicht auch vom Beruf der Mutter berichten, oder wie sie zum Beispiel das Baby pflegt. Die Erzieherin fragt die Kinder, was die Mutter tut, wenn sie hingefallen sind, sich weh getan, verletzt haben. Was macht eure Mutter, wenn ihr Kummer habt, wenn es euch einfach nicht gut geht, wenn ihr krank seid? Abends, wenn ihr ins Bett gehen müsst, womit tröstet, beruhigt euch eure Mutter?

Die Erzieherin gibt neue Gesprächsimpulse mit Bildern von jungen und alten Händen bei den unterschiedlichsten Tätigkeiten. Die Abbildungen erinnern die Kinder sicher an die Handlungen ihrer Mutter und vertiefen somit das Thema.

Die Erzieherin fasst noch einmal die wichtigsten Gesprächsinhalte zusammen: Mutters Hände sind unermüdlich für uns im Einsatz. Den ganzen Tag über gibt es immer etwas zu tun. Auch die kleinen, unbedeutenden Verrichtungen sind wichtig. Wir übersehen sie oft und schätzen sie nicht richtig. Nun haben wir einmal darüber nachgedacht, was Mutter mit ihrer Hände Arbeit alles für uns tut und wie sie sich tagtäglich um uns sorgt. Auch wie liebevoll, tröstend und hilfreich ihre Hände für uns sein können. Wir wollen dankbar sein und einmal überlegen, wie wir ihr im Alltag mit unseren Händen etwas Gutes tun können.

Der erarbeitete Gesprächsinhalt wird realisiert durch das Herstellen von Geschenken für die Mutter, seien sie materieller oder ideeller Art. In einem Gutscheinheft bieten die Kinder ihrer Mutter zum Beispiel Arbeitshilfen und sonstige guten Taten an.

Tipp
Dieses Gespräch kann auch auf Väter bezogen durchgeführt werden. Wenngleich die Kinder oft nicht sehr viel über die berufliche Tätigkeit des Vaters wissen.

Rat mal, was das ist

Dies ist ein Ratespiel, an welchem sowohl Kinder als auch Erwachsene ihre helle Freude haben! Geben Sie den Begriff »Muttertag« vor und lassen sie sich dann von jedem Kind einzeln erklären, was es sich darunter vorstellt. Die Antworten werden komisch, lustig, manchmal auch weise sein.

Halten Sie bereits vor dem Fest die Begriffsumschreibungen schriftlich fest mit Angabe des Namens und Alters des Kindes. Aufgabe der Mütter ist es, beim Muttertagsfest den Begriff zu erraten. Bei Beschreibungen wie »Das ist der Tag, an dem Mama Mama wurde«,

»Da bringe ich der Mama das Frühstück ans Bett« fällt das Raten sicher nicht schwer.

Muttertagsgrüße international

Kinder unterschiedlicher Nationen besuchen unsere Kindertagesstätten oder Schulklassen. Überraschen Sie die Eltern zum Muttertag mit folgender Aktion: Im Eingangsbereich der Kita oder Schule ziert ein großes Strahlenherz die Wand. Das Besondere daran ist, dass sich die Herzform aus den Handabdrücken der Kinder ergibt und darauf Muttertagsgrüße in vielen Sprachen zu lesen sind.

Das wird gebraucht
Rosa Fingerfarbe, flacher Teller, weißes Papier, Plakatkarton in beliebiger Farbe, Schere, Filzstifte, Wasser und Handtücher zum Reinigen der Hände.

So wird's gemacht
Jedes Kind taucht seine Hand in die Farbe und macht einen Abdruck auf weißes Papier. Ist die Farbe getrocknet, wird der Handabdruck ausgeschnitten. Alle »Hände« werden in der Form eines Herzens auf den Plakatkarton geklebt. In jeder einzelnen Hand oder um diese herum ist ein Gruß an die Mama in der Muttersprache des Kindes zu lesen. Schulkinder schreiben gerne selbst und ihre Kinderschrift verleiht dem Strahlenherz einen eigenen Reiz. Bei Kindergartenkindern übernimmt das Schreiben ein Erwachsener.

deutsch: »Liebe Mutti, ich liebe dich!«
»Alles Gute zum Muttertag!«

italienisch: »Mamma, ti voglio bene!« (Mama, ich mag dich!)
»Auguri per il giorno della Mamma!« (Grüße zum Muttertag!)

spanisch: »Querida Madre, yo te amo!« (Liebe Mutter, ich liebe dich!)
»Muchas felicidades por el dia de la madre!« (Gratulation zum Muttertag)

englisch:	»For the best mother in the world!« (Für die beste Mutter der Welt!)
	»Congratulation for mother's day« (Gratulation zum Muttertag)
türkisch:	» Anne seni seviyorum!« (Mutter, ich liebe dich!)
	»Anneler günün kutlu olsun!« (Gratulation zum Muttertag!)
französisch:	»Maman, je t' aime!« (Mama, ich liebe dich)
	»Bonne féte des mères!« (Ein schönes Muttertagsfest!)
kroatisch:	»Volim te, mama!« (Ich hab dich lieb, Mama)
	»Danas je tvoj dan, draga majko!« (Heute ist dein Tag, liebe Mutter)

Wandzeitung – Was Mütter arbeiten

Diese Aktion ist für vor allem für Kinder im Schulalter interessant. Etwa zwei Wochen vor Muttertag erhalten sie den Auftrag, Fotos von der täglichen Arbeit ihrer Mütter zu machen. Selbstverständlich sind diese in das Vorhaben eingeweiht und ihr Einverständnis ist Voraussetzung für alle weiteren Schritte. Die Kinder fotografieren im Haus und Garten, die Eltern liefern Fotos von ihrer Tätigkeit an der Arbeitsstelle. Sind alle Fotos entwickelt, wird gemeinsam ausgewählt und eine Wandzeitung erstellt. Diese kann Teil einer Ausstellung zum Muttertag sein.

Das wird gebraucht
Tapetenrolle oder unbedrucktes Zeitungspapier, Filzstifte, Kleber, Fotos oder Bilder von Frauen/Müttern aus Zeitschriften, Fotos von Tätigkeiten im Haus, Garten, Beruf.

So wird's gemacht
Die Kinder schreiben zunächst das Thema »Was Mütter arbeiten!« auf die Wandzeitung. Bilder von Frauen aus Zeitschriften oder auch Fotos von ihren Müttern bilden den Mittelpunkt und werden aufgeklebt. Um den Mittelpunkt gruppieren sich die Fotos von den verschiedenen Tätigkeiten der Mütter, wie z.B. Kochen, Waschen, Put-

zen, Gartenarbeit, Einkaufen, Haustier versorgen, Baby wickeln und Flasche geben, Arbeit am Computer, Lebensmittel verkaufen und Vieles mehr. Die einzelnen Fotos versehen die Kinder mit treffenden Kommentaren.

Die Auseinandersetzung mit den täglichen Pflichten der Mutter ist eine gute Voraussetzung für ein Gespräch mit folgender Fragestellung: »Muss deine Mutter diese Arbeiten alleine machen? Wobei könntest du ihr helfen? Welche Arbeiten könntest du ihr ganz abnehmen?«

Nun ratet, was die Mutter macht

Dieses Spiel regt dazu an, sich über die Aufgabenverteilung in der eigenen Familie auszutauschen. Teilen sich Mama und Papa die Aufgaben im Haushalt oder werden diese in der Hauptsache von der Mutter erledigt? Übernehmen Väter auch Arbeiten wie Kochen, Waschen, Bügeln oder andere Aufgaben, die traditionell Frauen ausführen?

Die Kinder sitzen im Stuhlkreis. Gemeinsam wird mit den Kindern besprochen, was die Mutter tagsüber alles macht: Wäsche waschen, Bügeln, Kochen, Putzen, das Baby baden, wickeln, füttern, aufräumen, Blumen gießen, einkaufen, Auto fahren. Kinder mit berufstätigen Müttern nennen deren Tätigkeiten im Beruf, soweit sie ihnen bekannt sind: Haare waschen und schneiden, verkaufen, am Computer schreiben, usw. Alle Tätigkeiten werden pantomimisch dargestellt.

Nun folgt ein Ratespiel. Ein Kind geht in die Kreismitte und sagt: »Ich hab mir etwas ausgedacht, nun ratet was die Mutter macht!«. Nun zeigt es pantomimisch eine Arbeit und alle anderen erraten sie. Das Kind, welches zuerst richtig rät, darf als nächstes in die Kreismitte.

Variation: Die Tätigkeiten des Vaters oder anderer Familienmitglieder werden pantomimisch dargestellt und erraten.

Frühjahrsputz

Am Muttertag ist es üblich, die Mutter zu verwöhnen. Um ihr eine
Freude zu machen, übernehmen an diesem Tag die Kinder die eine
oder andere Aufgabe im Haushalt, wie z.B. Frühstück bereiten, Tisch
decken, abräumen und Geschirr spülen. Wünschenswert wäre eine
Mithilfe des Kindes über diesen Tag hinaus. Gerade jüngere Kinder
wollen aktiv sein, weil ihnen die Hausarbeit noch sehr viel Spaß
macht. Da sie noch ungeschickt sind und zwischen Arbeit und Spiel
nicht unterscheiden, braucht man ein gehöriges Maß an Geduld. Oft
erledigen Mama oder Papa die Arbeit dann lieber selbst. Damit wird
jedoch eine Chance vertan! Nutzen Sie also den Willen des Kindes
im Haushalt zu helfen. Nur so kann es zunehmend selbstständiger
werden und Schritt für Schritt den Alltag bewältigen.
Ob zu Hause oder in der Kindertagesstätte helfen die Kinder tatkräftig mit. Spielzeug wird gewaschen und in Körbe sortiert, kaputtes
Spielzeug mit Hilfe der
Erwachsenen repariert
oder ausge-
mustert. Pup-
penmütter
oder Puppen-
väter waschen
schmutzige Pup-
penwäsche per
Hand und
hängen sie
zum Trock-
nen auf.

Herumliegendes Puppengeschirr muss aufgeräumt, der Boden gekehrt, Teppiche gesaugt oder wie früher ausgeklopft werden. Vielleicht ist es auch nötig, Staub zu wischen oder einen Schrank neu einzuräumen. Aufgaben gibt es viele. Mädchen wie Jungen helfen gleichermaßen. Dabei ist es ganz normal, dass Mädchen Bausteine sortieren und die Jungs Waschtag haben. Wichtig ist, dass die Arbeiten leicht zu bewältigen sind, denn schließlich soll der Putztag ja Spaß machen und nicht die Arbeit verleiden. Zur Freude aller Kinder gibt es nach erledigter Arbeit noch einen leckeren Imbiss.

Was ich an meiner Mutter mag

Bei einem gemeinsamen Gespräch erzählen die Kinder, was sie an ihren Müttern (Vätern, Omas, Opas) besonders mögen. Die Erzieherin notiert die Antworten der Kinder, wie beispielsweise »wenn Mama mir am Abend eine Geschichte vorliest«, »wenn Mama mich tröstet«, »wenn Mami mit mir Witze macht«. Anschließend werden die Aussagen der Kinder auf vorbereitete »Sprechblasen« übertragen und diese um eine von den Kindern gestaltete »Mutter« angeordnet. Im Rahmen einer Ausstellung zum Muttertag ist Ihnen bei dieser Aktion das Interesse der Besucher sicher!

Das braucht man dazu
Einen großen Bogen Papier, »Sprechblasen« geschnitten aus weißem Papier (DIN A4), dunklen Farbstift, Wachsmalstifte, Papier- und Stoffreste, Wolle, Knöpfe, Klebstoff, Schere, Filzstifte.

So wird's gemacht
Ein Erwachsener legt sich auf das Papier. Mit einem Stift werden die Umrisse des Körpers nachgezogen. Der Körper wird nun einer Mutter- oder auch Vaterfigur zugeordnet. Die Kinder gestalten mit den bereit gestellten Materialien nach ihren Vorstellungen die Figur. Anschließend wird der Körperumriss ausgeschnitten und an der Wand befestigt. Die von den Kindern oder der Erzieherin beschriebenen Sprechblasen finden ihren Platz rund um die Figur. Natürlich sollte auch das Thema der Befragung nicht fehlen.

Spielespaß für Jung und Alt

Diesmal laden die Kinder ihre Eltern oder auch Großeltern zum gemeinsamen Spiel in die Kindertagesstätte ein. Der Spaß dabei ist garantiert, da sowohl die Großen als auch die Kleinen Aufgaben gemeinsam bewältigen müssen.

Für das Spielfest brauchen wir so viele Spielstationen wie Spielteams. Ideal sind Teams von ca. drei Kindern und drei Erwachsenen. Jede Spielstation betreut zusätzlich ein Erwachsener. Dieser wacht auch darüber, dass nach einer Zeitspanne von fünfzehn Minuten zur nächsten Station gewechselt wird. Die einzelnen Stationen werden von den Gruppen in unterschiedlicher Reihenfolge aufgesucht, um einen Stau zu vermeiden. Sorgen Sie für eine bunte Mischung der Spiele, damit jeder seinen Spaß hat.

An den Stationen geben Plakate das jeweilige Spiel und die Spielregel bekannt.

Spielstation: Riesenpuzzle

Bevor Sie dieses Spiel beim Fest starten können, sind Vorarbeiten erforderlich. Sie brauchen ca. zwanzig Schuhschachteln (18 × 25 cm), zwei große Poster (Werbeposter aus dem Reisebüro) oder von den Kindern gestaltete Bilder nach einem beliebigen Thema, Kleister, Schere. Die Anzahl der benötigten Schuhschachteln richtet sich nach der Größe des Bildes.

Mit dem vorhandenen Material können Sie zwei Puzzle erstellen. Das eine Poster bzw. gemalte Bild wird auf dem Schachtelboden, das andere auf dem -deckel aufgezogen. Teilen Sie das jeweilige Poster/Bild entsprechend der Boden- bzw. Deckelgröße in Felder ein. Zerschneiden Sie nun das Poster und bestreichen Sie die Bildteile mit Kleister. Diese werden nun auf die Schachteln aufgezogen.

Spielaufgabe: Aus den ungeordneten Bildteilen erstellen alle gemeinsam ein Gesamtbild. Ist diese Aufgabe zur Zufriedenheit aller gelöst, kann das zweite Puzzle in Angriff genommen werden. Leider muss dieses sofort wieder in alle Einzelteile zerlegt werden, damit die nächste Gruppe die Aufgabe lösen kann.

Spielstation: Architekturwettbewerb

Auf einem Tisch sind unterschiedliche Materialien bereitgestellt: Kleber, Scheren, verschiedene Papprollen, Reste von unterschiedlichen Papiersorten, Kron- und Flaschenkorken, Wolle und Vieles mehr. *Spielaufgabe:* Mit den vorhandenen Materialien gemeinsam ein Bauwerk erstellen.

Spielstation: Krabbelsack

Diesmal stellen sich Kinder und Erwachsene gegenseitig Rateaufgaben. In einem Korb liegen verschiedene kleine Gegenstände und Spielmaterialien, die sich im Gruppenraum finden. Während der Erwachsene die Augen schließt, sucht sich das Kind einen Gegenstand aus und gibt ihn in einen kleinen Sack. Nun muss Mama oder Papa diesen mit den Händen erraten. Gelingt dies, ist das Kind an der Reihe zu raten.

Spielstation: Memory

Das notwendige Spielmaterial ist leicht zu beschaffen, da wohl jede Kita die bei den Kindern so beliebten Memoryspiele zu ihrem Inventar zählt. Hier haben es die Erwachsenen schwer, da die Kinder oft wahre Meister im Spiel mit Memorykarten sind. Wer hat wohl die größere Anzahl an Doppelkarten?

Spielstation: Dichterwerkstatt

Aus einer Reihe verdeckt liegender Kärtchen mit Begriffen aus dem Kita-Alltag zieht das Spielteam drei Karten. So zieht ein Team beispielsweise »Bauecke«, »Kasperl«, »Streit«. Nun heißt es aus diesen Begriffen eine Geschichte zu erfinden und auf das bereit liegende Papier zu schreiben. Selbstverständlich unterschreiben alle Autoren. Am Ende des Spielfestes gibt es sicher den verdienten Applaus von der interessierten Zuhörerschaft.

Spielstation: Händeabdruck

Diese Aktion erinnert noch lange an das gemeinsame Fest, da die vielen Hände den Flur der Kita noch über eine geraume Zeit schmücken werden.

Auf einer großen Papierbahn hinterlässt jeder seinen Händeabdruck. Dazu bemalt jeder mit Fingerfarbe seine Hand. Noch mehr Spaß macht es, sich gegenseitig die Hände zu bemalen.
Natürlich darf die Unterschrift eines jeden »Künstlers« nicht fehlen. Falls es nötig ist, führen die Großen sicher die Hand der Kleinen. Damit sich alle die Hände reinigen können, ist diese Spielstation in der Nähe des Waschbeckens oder aber, es stehen eine mit Wasser gefüllte Wanne und Handtücher bereit.

Spiele für den Familienausflug aufs Land

Schatzsuche

Dazu brauchen Sie den »Schatz«, z.B. kleine Halbedelsteine, Glasnuggets, alte Gürtelspangen und Knöpfe, ausgedienter Modeschmuck und vielleicht auch Süßigkeiten in einer mit Goldfolie beklebten Kiste und eine Wegebeschreibung mit verschlüsselten Botschaften. Der Schatz muss schon vorher im Wald mit dichtem Unterholz versteckt werden.
So läuft es in etwa ab: Die Ausflugsgesellschaft teilt sich in zwei Parteien, denen jeweils eine Erzieherin Briefe aushändigt, mit der ver-

schlüsselten Wegbeschreibung zum Schatz. Die Beschreibung sollte so formuliert sein, dass sie auch für kleine Kinder zu verstehen ist. Die Gruppen machen sich auf den Weg und versuchen anhand der Beschreibung und der Skizze, den Schatz zu finden. Die Gruppe, die ihn findet, wird zum Sieger gekürt, die andere bekommt einen Trostpreis. Der Schatz wird selbstverständlich gut bewacht in die Kita zum Spielen mitgenommen.

Waldkim

Mutter und Kind, oder Vater und Kind bilden ein Paar. Einem der beiden Spieler werden die Augen verbunden. Vorsichtig wird er zu einem Baum, Strauch oder einer Pflanze geführt. Nun bekommt er die Aufgabe, das ausgewählte Objekt abzutasten. Bei einem Baum können zum Beispiel die Rinde, Baumstamm und Blattform erforscht werden. Damit der Spieler die Orientierung verliert, führt man ihn auf einem anderen Weg zum Ausgangspunkt zurück. Nachdem die Augenbinde wieder abgenommen ist, muss der Baum oder die Pflanze wieder gefunden werden.

Eine lustige Variante ohne Augenbinde: Ein Spielpartner schließt die Augen und lässt sich zu dem ausgewählten Objekt bringen. Der führende Partner zieht den »Blinden« am Ohrläppchen. Dieser darf die Augen kurz öffnen und damit das »fotografieren«, was er direkt vor seinen Augen sieht. Mit geschlossenen Augen wird er zum Ausgangspunkt zurückgeführt und muss dann das Objekt wieder erkennen.

Verstecken – Entdecken

Dazu braucht man etwa 20 Gegenstände, die nicht in den Wald gehören. Einige davon sollten sich deutlich von der Umgebung abheben, wie z.B. ein Luftballon, ein weißer Turnschuh, ein bunter Schal, ein Spielzeugauto. Die anderen Gegenstände sollten der Umgebung so ähnlich sein, dass man sie nur bei genauem Hinsehen sieht, wie z.B. ein dunkler Wollknäuel, ein grünes Tuch.

So wird gespielt: Einige Mitspieler verstecken entlang eines Waldpfades (ca. 20–30 Meter) die Gegenstände. Die anderen Spieler gehen jetzt, jeder für sich (oder nur paarweise, z.B. Mutter und Kind) in einigen Metern Abstand den Pfad entlang und versuchen, so viele Gegenstände wie möglich zu entdecken. Sie lassen die Dinge an ihrem Platz, aber merken sich diese gut. Wenn alle den Weg entlang gegangen sind, sagt jeder, was er gesehen hat. Sieger ist, wer die meisten Gegenstände aufzählen kann.

Feld-, Wald- und Wiesenmusik

Seit alters her kennen die Kinder auf dem Land die verschiedensten Tricks, wie man aus Gräsern, Blättern oder Blumenstängeln Klänge und Laute hervorzaubern kann. Auch heute haben sie ihre Freude an diesem Spiel.

Dazu presst man einen breiten Grashalm zwischen beiden Daumen fest. In die winzige Öffnung, die zwischen den beiden Daumen entsteht, bläst man hinein: Ein krächzender Laut ist zu hören.

Man kann auch ein Buchenblatt mit beiden Händen fest gegen den Mund drücken und dagegen blasen. Es entsteht ein krächzender Ton. Zieht man einmal kurz und schnalzend Luft ein, zerplatzt das Buchenblatt und es gibt einen kurzen Knall wie aus einer Pistole.

Ein ca. 5–6 cm langes Stück Löwenzahnstängel an einem Ende flachdrücken, in den Mund stecken und kräftig hinein blasen.

Mit etwas Hilfe eines Erwachsenen als Dirigent erklingt ein lustiges Wiesenkonzert.

Hörspiel

Ein kleines Spiel ohne Material wirkt sehr entspannend und motiviert auch die Eltern mitzumachen. Auf einer Wiese liegend lassen sich vielerlei Geräusche wahrnehmen. Mit geschlossenen Augen lauschen die Kinder den Geräuschen der Umgebung. Nach kurzer Zeit öffnen alle ihre Augen wieder und berichten von dem Gehörten, zum Beispiel: Windgeräusche, Blätterrauschen, Summen einer Biene, Vogelgezwitscher, aber auch Motorgeräusche von einem Auto oder Flugzeug, Hundebellen, usw.

Singen und Tanzen

Weil du meine Mutti bist

Text: Rolf Krenzer, Musik: Detlev Jöcker

Weil du mei - ne Mut - ti bist, mag ich dich so

sehr. Ich hab dich lieb, so wie du bist, und

geb dich nie - mals her. 1. Ich mal - te dir zum

Mut - ter - tag das schöns - te Bild der Welt. Nun

hof - fe ich, dass dir mein Bild ge - nau - so gut ge - fällt.

2. Ich schenke dir den Blumenstrauß
und sage Dankeschön.
Wie gut ich dir von Herzen bin,
das kannst du daran sehn.

3. Und legst du deinen Arm um mich,
drück ich mich fest an dich.
Und du lässt mich und ich lass dich
im Leben nie im Stich!

4. Wenn ich einst selber Kinder hab
so kommt's mir in den Sinn,
wünsch ich, dass ich genau wie du,
so eine Mutti bin.

Ich hab, was ich zum Leben brauch

Text: Rolf Krenzer, Musik: Ludger Edelkötter

Ich hab, was ich zum Le-ben brauch, tral-la-la-la-la, und
ei-ne Ma-ma* hab ich auch, mhm, ja, ja. Was
will ich mehr auf die-ser Welt, tral-la-la-la-la, als
dass es ihr bei mir ge-fällt, mhm, ja, ja. Ti-ro, ti-ra, ti-
(ihm)
ral-la-la-la-la. Ti-ro, ti-ra, ti-ra-la-la-la-la.

* An dieser Stelle kann auch »Papa«, »Oma« oder »Opa« eingesetzt werden.

Lieber Vater!

Text und Musik: Manfred Bauer

1. Spie-len, Scher-zen, La-chen mag ich gern mit dir.
Dass ich dich noch lang hab, ja, das wünsch ich mir!

2. Wenn du für mich Zeit hast,
   freu ich mich so sehr.

Lieber Paps, ich lieb dich,
geb dich nie mehr her.

Liebe Mami, tanz mit mir

Text: nach Adelheid Wette, Musik: überliefert

1. Lie - be Ma - mi, tanz mit mir, bei - de Hän - de reich ich dir.

Ein - mal hin, ein - mal her, rund - he - rum, das ist nicht schwer.

1. Liebe Mami (Omi, Papi …),tanz mit mir
   beide Hände reich ich dir.
   Einmal hin, einmal her,
   rundherum, das ist nicht schwer.

   Die Paare stehen sich gegenüber
   und halten sich an den Händen.
   Erst einen Schritt nach rechts,
   dann nach links und drehen am Platz

2. Mit den Händchen, klipp, klipp, klapp,
   mit den Füßchen tripp, tripp, trapp!
   Einmal hin …

   In die Hände klatschen
   Mit den Füßen stampfen
   wie oben

3. Mit dem Köpfchen nick, nick, nick,
   mit dem Fingerchen tick, tick, tick!
   Einmal hin …

   Kopfnicken
   gegenseitig antippen
   wie oben

Geschenke-Werkstatt

Ob Blumen, selbst gemalte Bilder oder Basteleien, kleine Geschenke gehören einfach zum Muttertag.
Hier erwartet Sie Vieles zum Basteln in Herzform für die herzallerliebste Mutter! – Also eine Fülle origineller Geschenkideen und für jedes Kindesalter leicht herzustellen.

Papierblumen

Die hier beschriebenen Papierblumen sind einfach und in kurzer Zeit mit den Kindern zu falten. Besonders hübsch machen sie sich im Blumentopfkuchen (→ S. 83).

Das wird gebraucht
Quadratische Notizblätter (9 × 9 cm) in verschiedenen Farben, Tonpapierreste, Schaschlikstäbe, Schere, Kleber

So wird's gemacht
1. Faltblume: Diagonalen falten (Talfalten) und Papier wenden! Kreuz falten (Bergfalten), Papier an den Kreuzbrüchen zusammenschieben.

2. Faltblume: Diagonalen falten, Papier wenden! Kreuz falten, Papier an den Diagonalbrüchen zusammenschieben!

Den Kindern Grundfaltungen (siehe Zeichnung) zeigen. Papierblüte am Stielansatz etwas einschneiden, den Holzspieß als Blumenstängel einstecken und mit Kleber fixieren. Papier-

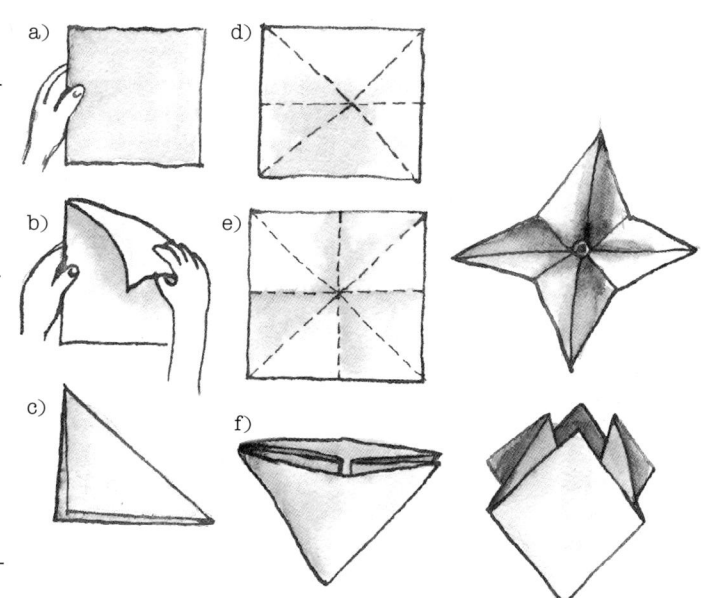

streifen um den Stielansatz wickeln und Ende festkleben. Für die Staubfäden in der oberen Hälfte eines Papierstreifens über die gesamte Länge Einschnitte machen, Streifen aufrollen und mit einem Tropfen Kleber versehen auf den Holzspieß stecken.

Auf grünem Papier Blätter aufzeichnen, ausschneiden und mit Kleber am Holz fixieren. Aus Tonpapierresten geschnittene Schmetterlinge und Käfer ergänzen das Blumenarrangement.

Ein Gruß von mir

Der Abdruck einer Kinderhand mit aufgemaltem Gesicht wird zur pfiffigen Mutter- oder Vatertagskarte.

Das wird gebraucht

Eine helle und eine dunkle Fingerfarbe, eine Briefkarte in beliebiger Farbe, zwei flache Teller, glänzendes Bonbonpapier oder Seidenpapierreste gleicher Größe, Pinsel, Kleber

So wird's gemacht

Auf beiden Tellern jeweils eine Fingerfarbe verteilen. Handinnenfläche in die helle Farbe tauchen, Hand auf der Briefkarte so abdrucken, dass die Finger dabei gespreizt sind. Die Finger sind der freche Haarschopf. Farbe trocknen lassen und mit dem Zeigefinger oder Pinsel in der dunkleren Farbe Gesicht auf jeden Abdruck aufmalen. Das Bonbonpapier in der Mitte zusammendrücken und mit einem Tropfen Kleber versehen etwas unterhalb des Gesichts ankleben. Darunter schreibt das Kind oder ein Erwachsener den Namen. Auf die Innenseite der Karte kann noch ein Gedicht geschrieben werden.

Kusskarte

Das wird gebraucht

Farbiger Karton, Schreibmaschinenpapier, Herzbackförmchen, Stift, Schere, Lippenstift, Spiegel, Kosmetiktücher, Kleber

So wird's gemacht

Karton in Grußkarten- oder Doppelkartengröße zuschneiden. Herz-chenausstecher als Schablone verwenden und aus dem weißen Papier ein Herz ausschneiden. Dem Kind die Lippen gut anmalen, (es darf sich gleich im Spiegel betrachten) und diese auf das weiße Papierherz drücken. Herzchen mit Kussmund auf die Karte kleben. Auf die Rück- oder Innenseite der Karte das Muttertagsgedicht kleben. Dieser Kussmund, auch als Zierde einer Geschenkverpackung, löst sicher Entzücken aus.

a)

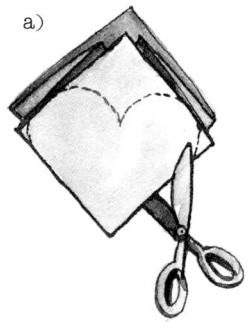

Herzchenbrief

Das wird gebraucht

Buntpapier (DIN A4), Lackmalstift, farbige Filzstifte, Locher, Schere, 60 bis 65 cm Geschenkband

b)

So wird's gemacht

Bunte Seite des Papiers nach oben legen. Linke untere Spitze nach rechts oben so anlegen, dass aufgefaltet ein Quadrat entsteht, über-stehendes Papier abschneiden.

Diagonalen falten (beide Bruchkanten liegen auf der weißen Seite). Papier wenden.

Kreuz falten (Bruchkanten liegen auf der bunten Seite).

Papier an den Kreuzbrüchen zusammenschieben. Öffnung zeigt nach oben (vgl. Arbeitsschritte zu den Papierblumen, S. 67)!

Auf der rechten Seite halbes Herz aufzeichnen, der Linie entlang zu-sammenfalten und entlang der gestrichelten Linie ausschneiden.

Noch zusammengefaltet Loch im oberen Drittel einstanzen.

c)

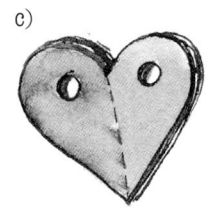

Auf das Herz mit Lackmalstift »Für meine liebe Mami« (Eltern, Papa …) darauf schreiben.

Herzform öffnen. Blümchen, ein Gedicht, einen persönlichen Gruß o.Ä. schreiben oder malen.

Herzform wieder schließen. Durch die beiden Löcher das Geschenk-band ziehen, zur Schleife binden.

d)

Glückwunschkarte »Herz«

Das wird gebraucht

Lackkarton in roter Farbe 12 × 24 cm, Lackmalstift, Herzschablone aus Karton ca. 12 × 12 cm, Schere, Filzstifte

So wird's gemacht

Karton in der Mitte falten (12 × 12 cm), Herzschablone so auflegen, dass die linke Seite mit ihrer Wölbung ein wenig über den Bug hinausliegt. Mit Stift Herzform umfahren und diese so ausschneiden, dass ca. 5 cm Bug erhalten bleiben. Mit Lackmalstift das Herz verzieren und »Meiner lieben Mutti« darauf schreiben. Im aufgeklappten Herz findet ein Gedicht, ein Lied oder auch ein Foto des Kindes seinen Platz.

Muttertagsbuch

Ein ganz persönliches Geschenk für die Mama oder auch den Papa, das gerne aufbewahrt wird und später liebe Erinnerungen weckt.

Das wird gebraucht

3 Bögen Tonpapier in hellen Farben (DIN A4), Reste von Kordeln, Bänder, Korken, Fingerfarben

So wird's gemacht

Herstellen des Buches: Papierbögen (Breitseite) in der Mitte falten. Gefaltete Papierbögen so ineinander legen, dass ein Buch entsteht: Titel- und Rückseite, sowie acht Innenseiten, die jeweils auf der vorderen und der rückwärtigen Seite gestaltet werden können. Das Buch umfasst insgesamt zwölf Seiten. Das gefaltete Buch lochen und durch die Löcher eine Kordel oder ein Geschenkband ziehen und zur Schleife binden.

Gestaltungsideen für die einzelnen Seiten:

Titelseite: Blüten werden mit Korken und Fingerfarbe aufgedruckt und umrahmt »Für meine(n) liebe(n) Mutti (Papi)!«.

Seite 1: Ein Gruß von mir (→ S. 68),

Seite 2: Muttertags- oder Vatertagsgedicht (→ ab S. 44ff.)

Seite 3: Kopie eines Muttertags- oder Vatertagsliedes (→ ab S. 64ff.)

Seite 4: »Mit meinem Mund kann ich dir/euch viele Küsschen geben«. Das Kind bemalt seine Lippen mit Lippenstift und drückt seine Lippen mehrmals auf das Papier.

Seite 5: »Mit meinen Händen kann ich dir/euch ein Bild malen«.

Seite 6: Ein Gutschein für Mama oder Papa, z.B. Staub wischen, Mülleimer wegbringen, Schuhe putzen.

Seite 7: Klatschbild aus Fingerfarben ausschneiden und auf die Seite kleben

Seite 8: »Ich habe meine Mama / meinen Papa am liebsten, wenn …« (malen oder schreiben)

Seite 9: Gepresste Stiefmütterchen zum Herz arrangiert

Seite 10: »Das ist meine Familie« – gemaltes Bild oder Fotos aller Familienmitglieder

Seite 11: »Das bin ich!« – aktuelles Foto und Datum

Seite 12: zur freien Verfügung

Variation: Dieses Buch kann als Gutscheinheft konzipiert sein. Die Kinder malen Tätigkeiten, wie zum Beispiel: Abspülen, Tischdecken, Schuhe putzen und Ähnliches auf Gutscheine. Zusammengeheftet ergeben sie ein Büchlein, aus dem die Eltern sich bedienen können, wenn es nötig ist.

Vogel aus Sperrholz

Wer kennt nicht das Lied: »Kommt ein Vogel geflogen …«? Am Muttertag kommen sie angeflogen, Vögel aus Sperrholz, mit einem Zettel im Schnabel. Auf dem Zettel steht das kopierte Lied oder ein lieber Gruß an die Mutter. Der Zettelhalter ist ein Überraschungsgeschenk für Mama.

Das braucht man dazu

Sperrholzplatte 4 mm dick, ca. 30 × 20 cm, Laubsäge, Laubsägeblätter, fein bis mittel, Schleifpapier, Korn 180, Wäscheklammer aus Holz, Vierkantleiste, 2,5 × 2,5 cm, 6 bis 8 cm lang, oder Stab, Holzleim, Dispersionsfarbe

So wird's gemacht

Vogel auf Sperrholzplatte zeichnen. Schnabel und Kopf müssen so groß sein, dass sich eine Wäscheklammer dahinter verbergen lässt. Nach dem Aussägen Kanten mit Schleifpapier glätten. Hinter Kopf und Schnabel Wäscheklammer kleben und unten rückseitig einen Stab zum Festhalten ankleben oder auf das Standbrett kleben. Vogel mit Dispersionsfarbe bemalen. Zettel gestalten und in die Klammer heften.

Herzgirlande

Über diesen Raumschmuck freut sich wohl jede Mama, egal ob zu Hause oder bei einer Muttertagsfeier in der Kindertagesstätte.

Das wird gebraucht

Buntpapier, Herzschablone, Bleistift, Schere

So wird's gemacht

Papierstreifen in der erforderlichen Höhe zuschneiden. Streifen in der Breite der Herzschablone wie eine Ziehharmonika falten. Mit einem Stift Schablone auf das oberste Blatt übertragen. Dabei darauf achten, dass an beiden Seiten die Herzform anliegt. Beim Ausschneiden muss rechts und links ein Teil vom Papierrand stehen bleiben.

Die Herzen halten sich untereinander an den Stellen, wo der Rand nicht abgeschnitten wurde. Den Vorgang mit weiteren Papierstreifen wiederholen, die dann aneinander geklebt und auseinander gezogen eine Kette ergeben.

Tischset

Zu duftendem Kaffee und selbst gemachter Marmelade gehört auf den Frühstückstisch auch ein Platzset für die Mutter.

Die Kinder malen ihre Mutter oder sich selbst auf ein Blatt Papier, das in der Größe eines Tischsets zugeschnitten ist.
Variante mit Drucktechnik: Die Kinder drucken ihre Hände und einen Kussmund auf das Set. Der Rand kann individuell mit Blumen und Herzen verziert werden. Nach dem Trocknen wird »das Gemälde« in einem Kopierladen versiegelt und so zum Tischset für die Mutter.

Maschendrahtherz

Das Herz ist ein universelles Symbol, das aus dem robusten Material des Maschendrahtes auch den Garten, oder die Eingangstüre schmücken kann.

Das braucht man dazu:
Maschendraht, Zange, Bast und Schere, Herzschablone, doppelseitiges Klebeband

So wird's gemacht
Herzschablone herstellen, mit doppelseitigem Klebeband das Herz auf dem Draht fixieren und mit der Zange ausschneiden. Mit Bast den Rand umwickeln. Oben in der Mitte eine Bastschlaufe, die zu einer Schleife gebunden wird anbringen, damit das Herz aufgehängt werden kann.
An Stelle von Bast kann auch Geschenkband verwendet werden.

Rosenkugel

Das braucht man dazu
Styroporkugel, oder -herz, Teppichklebeband (beidseitig klebend), 5 getrocknete Rosen (je nach Größe der Kugel/Herz), Golddraht und Zackenkrausbouillon (das ist ein zackiger Golddraht) – alles ist im Bastelgeschäft erhältlich.

So wird's gemacht

Das Styroporteil wird mit Teppichband beklebt. Hierbei muss die Erzieherin noch behilflich sein, aber die getrockneten Rosenblätter kleben die Kinder mit Leichtigkeit selbst einzeln auf, bis keine Stelle mehr frei ist. Mit Golddraht und Zackenkrausbouillon wird die Kugel oder das Herz mehrmals umwickelt. Eventuell kann man die das Herz noch mit Duftöl beträufeln. Dieses Geschenk aus der Floristik wird von Erwachsenen sehr geschätzt!

Rosenherz

Das wird gebraucht

Steckschwamm (im Blumen- oder Bastelladen erhältlich), Messer, Stift und Papier, getrocknete, oder frische Rosen

So wird's gemacht

Auf ein Blatt Papier ein Herz malen, ausschneiden und dann auf den Steckschwamm legen. Die Umrisse abzeichnen und das Herz mit Messer aussägen. Die Rosen in die Herzform stecken und mit Aromaöl (Rosenduft) beträufeln. Zur Arbeitserleichterung: Es gibt in Bastelgeschäften auch Steckschwämme in Herzform.

Rosenblättercollage

Das wird gebraucht

Festes Blatt Papier, Tapetenkleister, Pinsel, getrocknete Rosenblätter

So wird's gemacht

Die Kinder kleben die Rosenblätter nach ihrer Fantasie auf ein Blatt. Je nach Alter und Ideen entstehen Ornamente, werden die Blätter zu Blumen oder zu einem Herz arrangiert. Die Blätter mit Duftöl beträufeln. Verschenkt wird die Collage gerahmt oder als Karte.

Leuchtende Glückwunschkarten

Eine verzierte Tüte mit einem Teelicht beleuchtet, ist stimmungsvolle Dekoration, Geschenk und Glückwunschkarte in einem.

Das wird gebraucht
Kleine weiße Papiertüte oder kleinformatige Papiertragetüte, Jogurt-
oder Marmeladeglas, Teelicht, Filzstift, getrocknete Rosenblätter,
oder aus Papier ausgeschnittene Herzen, Kleber

So wird's gemacht
Schulkinder schreiben das Muttertagsgedicht selbst auf die Tüte. Um
den Text herum kleben sie Rosenblätter oder Herzen. Glas mit Teelicht in die Tüte stellen.

Variation: Bei dünnen Tüten zwei ineinander stecken, dabei die innere Tüte mit Rosenblätter bekleben. Oder zwischen beide Tüten Rosenblätter streuen.

Händeabdruck – Fußabdruck

Die kleine Kinderhand, der niedliche Fuß eines Kindes werden in Gips
verewigt und erfreuen das Herz einer jeden Mutter.

Das wird gebraucht
Gips, Vaseline, Plastik- oder Aluschälchen, Holzstäbchen, Band

So wird's gemacht
Gips nach Gebrauchsanweisung anrühren und in Plastikschälchen
gießen. Die Kinderhand oder den Fuß gut mit Vaseline eincremen
und in die weiche Gipsmasse drücken. Mit dem Holzstäbchen Loch
zum Aufhängen durchbohren, solange der Gips noch weich ist. Nach
völligem Durchtrocknen Gipsbild vorsichtig aus dem Schälchen lösen
und Schleife zum Aufhängen durchziehen.
Tipp: Es muss schnell gearbeitet oder im Geschäft um einen langsam
anziehenden Gips gebeten werden.

Seidentuch

Ein selbst gemachtes Seidentuch ist ein sehr persönliches und liebe-
volles Geschenk. Folgende Technik ist wirkungsvoll, schnell umge-

setzt und man benötigt nicht einmal einen Spannrahmen für die Seide.

Das braucht man
Plastikfolie, Seidentuch, Seidenmalfarben, Pinsel, Bügeleisen

So wird's gemacht
Das Seidentuch nass machen und auf die Folie legen. An den Stellen wo Blumen entstehen sollen, die Seide ganz leicht hochziehen, zusammendrehen und so stehen lassen. Diese Stellen in der gewünschten Blumenfarbe betupfen. Die noch freien Flächen werden als Hintergrund in der Lieblingsfarbe der Mutter angemalt. Das Tuch vorsichtig von der Folie heben und aufhängen. Nach dem Trocknen von Links bügeln und als Geschenk hübsch verpacken.
Tipps: Es reichen wenige Blüten um einen schönen Effekt zu erzielen. Den Hintergrund in Grüntönen malen, so wird das Tuch zur Blumenwiese, mit blauen Tönen zum Seerosenteich á la Monet.

Naturkosmetikstudio

Mit diesen Geschenken kann sich die Mutter nach einem langen an-
strengenden Arbeitstag entspannen. Schon die alten Ägypter wuss-
ten um die wohltuende Wirkung von Lavendel in Kosmetikproduk-
ten. Der Duft von Blüten und Kräutern berührt die Seele und löst
Wohlbehagen aus – und die schönsten Dufterlebnisse bietet uns die
Natur, wie Sie selbst mit folgenden Rezepten erleben werden.

Lavendelwasser

Das wird gebraucht
350 g Lavendel, 600 ml kohlensäurefreies Mineralwasser, 150 ml
Wodka, schöne kleine Fläschchen, Korken, Sieb, Schleife, Etikett

So wird's gemacht
Lavendel und Mineralwasser unter ständigem Rühren zum Kochen
bringen. 10 Minuten köcheln lassen, vom Herd nehmen und abkühlen lassen. Wodka hinzufügen und durch ein Sieb in die Fläschchen
gießen. Mit Korken verschließen, etikettieren (ältere Kinder beschriften selbst) und um den Flaschenhals eine Schleife binden.

Lavendelseife

Das wird gebraucht
10 Tl getrocknete Lavendelblüten, 1 Stück unparfümierte Seife (oder
Seifenflocken), Hobel, Sieb. Zum Verpacken: Packpapier, Paketschnur,
Lavendelblüten, Klebestift

So wird's gemacht
Blüten mit 60 ml kochendem Wasser übergießen, 30 Minuten ziehen
lassen und durch ein Sieb gießen. Die gehobelte Seife oder die Flo-
cken in den warmen Sud rühren. Diese Mischung zu Kugeln oder
Stücken formen und ca. 2 Tage trocknen lassen.

Paketpapier zurecht schneiden, Seife einpacken und verschnüren. Mit dem Klebestift auf das Papier Streifen ziehen und darauf einige Lavendelblüten streuen.

Badesäckchen

Diese Säckchen gefüllt mit wohltuenden Kräutern hängt man unter den Badewannenhahn. Fließt das einlaufende Wasser darüber, nimmt es den Kräutersud mit in die Wanne und verbreitet einen angenehmen Duft.

Das wird gebraucht
Kräuter: Erdbeerblätter, Kamillenblüten, Lavendel, Minze, Petersilie, Rosmarin, Salbei, Thymian, Zitronenmelisse. 1 El Kleie oder Hafermehl (evtl. Wasserenthärter beigeben), Musselinstoff, Schleifenband, Schere

So wird's gemacht
Aus dem Stoff einen Kreis in 18 cm Durchmesser ausschneiden, eine handvoll gemischter Kräuter in die Mitte legen. 1 El Kleie hinzufügen. Den Stoff zusammen raffen und mit dem Schleifenband zusammenbinden. Zur Aufhängung eine Schlaufe anbinden.

Lippenpomade

Das wird gebraucht
Leere, saubere Cremedöschen, ein bohnengroßes Stück Bienenwachs, 10 g Lanolinanhydrit, 20 g Rizinusöl, 2 knappe El Babyöl

So wird's gemacht
Alle Zutaten im Plastiktopf in kochendem Wasserbad schmelzen. Mit Plastiklöffel oder Holzspachtel umrühren. Diese Mischung wird gelb. Wird rote Lippenpomade gewünscht, gibt man einen Lippenstiftrest dazu.
Die Masse wird in kleine Cremedöschen gefüllt.

Haarshampoo

Das braucht man dazu

60 g pulverisierte Grundseife, 15 g pulverisiertes Natron, 10 g Vollei-pulver oder Sojalezithin, 100 bis 300 ml destilliertes Wasser (je nach gewünschter Konsistenz)

So wird's gemacht

Alle Pulver gut mischen. Das destillierte Wasser zugeben und mit dem Mixer gut verrühren. Um das Haarshampoo duften zu lassen, vermischt man einige Tropfen Parfümöl mit 10 ml Alkohol und rührt sie unter.

Hinweis: Um das Haar nach dem Waschen mit dem selbst gemach-ten Shampoo von Kalkrückständen zu befreien, wird es zum Schluss mit einer Mischung aus ½ l Wasser und 2 El Obstessig gespült.

Badesalz

Das wird gebraucht
Bittersalz, Speisefarbe, Duftöl, kleine Gläser mit Schraubdeckel

So wird's gemacht
Bittersalz mit der Speisefarbe färben und alles mit ein paar Tropfen Duftöl vermischen. Das Salz in ein Schraubglas füllen, gut schütteln und verschließen. Dann mit Etikett versehen und hübsch verpacken.

Hand- und Fußcreme

Um Mutters Händen etwas Entspannung und Pflege zu geben, bekommt sie eine wunderbare Handcreme geschenkt. Die Kinder sammeln zu Hause kleine Töpfchen, Tiegel und winzige Marmeladengläser, oder die Kita stattet dem Apotheker einen Besuch ab, der gut verschließbare Salbentöpfchen in verschiedenen Größen im Angebot hat.

Zutaten für 7 Tiegel von je 30 ml
Aus dem Reformhaus oder der Drogerie: 45 ml (3 El) Bienenwachs, 45 ml (3 El) Kakaobutter (Sheabutter), 75 ml (5 El) Ringelblumenöl, 20 Tropfen ätherisches Melissenöl
Aus der Apotheke: 7 g Borax, 15 ml (3 Tl) Glycerin, 45 ml (3 El) Lanolin
Für den Holunderaufguss: 8 Dolden Holunderblüten (ersatzweise getrockneter Holunder aus dem Reformhaus oder Drogeriemarkt), 1/2 l Wasser.
Geräte und Materialien: Hitzebeständiger Glas- oder Porzellanbecher für das Wasserbad, Topf, Holzspatel, Tiegel, Sieb, Tasse

So wird's gemacht
Für das folgende Rezept muss zuvor ein Holunderaufguss zubereitet werden. 1/2 l Wasser aufkochen, Holunderblüten hineingeben und zugedeckt den Aufguss eine Stunde ziehen lassen. Dolden entfernen und Flüssigkeit abseihen. 6 El vom Aufguss in eine Tasse geben.

Heißes Wasserbad herrichten und im Glasgefäß Bienenwachs schmelzen. Lanolin und Kakaobutter mit Holzspatel unterrühren. Glasgefäß aus dem Wasserbad nehmen und Flasche mit Ringelblumenöl kurz darin anwärmen. Öl mit dem Glycerin zur Mischung von geschmolzenem Lanolin, Bienenwachs und Kakaobutter geben. In der Tasse mit den 6 El Holunderaufguss Boraxpulver auflösen und beides zur Mischung geben. Mit Spatel umrühren, bis Masse cremig wird, was beim Abkühlen der Emulsion eintritt. 20 Tropfen Melissenöl unterrühren und die Creme in die Tiegel füllen.

Tipp: 30-ml-Tiegel sind in Apotheken erhältlich. Sie können sich jedoch auch rechtzeitig eine Sammlung von leeren Cremedosen und Tiegeln zulegen. Vorhandene Beschriftungen werden übermalt oder mit Etiketten überklebt, die den aktuellen Doseninhalt angeben. Dekorativ ist ein mit Glitzersteinen und Perlen beklebter Deckel, der dem Geschenk einen Hauch von Exklusivität verleiht.

Herzduftkissen

Für ältere Kinder, die schon nähen können, eine schöne Herausforderung. Die Freude und Bewunderung ihrer Mutter ist ihnen gewiss.

Das braucht man dazu
Stift und Papier für Schablone, Schere, ein Stück Stoff ca. 25 cm auf 50 cm groß, Stecknadeln, Nähnadel und Garn, getrockneter Lavendel (aus der Apotheke)

So wird's gemacht
Herzförmige Schablone in etwa 20 cm Höhe herstellen und mit ihr zwei Stoffherzen zuschneiden. Die Herzen rechts auf rechts aufeinander legen und zusammen nähen. Dabei an einer geraden Seite ca. 2–3 cm offen lassen. Die Naht so nähen, dass ein 5 mm breiter Rand entsteht. Hier wird an den Rundungen etwas eingeschnitten. Das Herz wenden und reichlich mit Lavendel füllen. Die Öffnung zunähen.

Back- und Kochstudio

Liebe geht bekanntlich durch den Magen. Also, rein ins Back- und Kochvergnügen, dann können die Kinder ihren Liebesbeweis am Muttertag in Form von selbst gemachten Leckereien überbringen. Den Kindern macht es einen Riesenspaß selbst originelle Rezepte, wie z.B. das einer Negerkusstorte, auszuprobieren. Genascht werden darf ohnehin. Marmelade kochen, Würzessig und -öl herzustellen und in Gläser zu füllen, sind außerdem interessante Aufgaben für die Kinder.
Alle Rezepte sind einfach umzusetzen und speziell auf das Thema abgestimmt.

Jahrmarktherzen

Zutaten (für 3 bis 4 Herzen)

400 g Mehl, $^1/_2$ Tl Salz, 180 g Butter, 200 g Zucker, ein Ei, 5 gestrichene El Kakao
Verzierung: Gebäckschmuck, selbsthergestellter Zuckerguss mit Lebensmittelfarbe oder »Zuckerschrift«
Geräte und Material: Schüssel, elektrisches Handrührgerät, Teigroller, spitzes Messer, Backblech, Gefäß für Zuckerguss, Spritztüte, Teelöffel, Esslöffel, Waage, Herzschablone (15 bis 20 cm groß), Band, Klarsichtfolie

Zubereitung

Zucker mit Butter schaumig rühren. Das Ei dazugeben. Mehl, Kakao, Salz unterrühren und mit bemehlten Händen den Teig durchkneten. Teig ca. 1 Stunde in den Kühlschrank stellen. Backblech fetten und Teig darauf ausrollen. Schablone auflegen und Herz ausschneiden. Teigreste vorsichtig entfernen. Für das Band zwei Löcher ausstechen (1 cm Durchmesser). Im vorgeheizten Herd bei 180 Grad ca. 15 Minuten backen. Auskühlen lassen.
Das Herz mit Zuckerschrift, evtl. auch mit Gebäckschmuck verzieren. Band zum Umhängen durch beide Löcher ziehen, wenn die Glasur trocken ist. Auf Wunsch in Klarsichtfolie verpacken.

Tipp: Aus den Teigresten kleine Herzen ausstechen. Die Herzen können auch aus Honigteig hergestellt werden.

Blumentopfkuchen

Dieses Geschenk begeistert nicht nur Kuchenliebhaber, es ist zudem auch dekorativ. In den fertig gebackenen Topfkuchen werden selbst gebastelte Papierblumen gesteckt (→ S. 67).

Zutaten für 6 Blumentöpfe von je 8 cm Durchmesser
500 g Mehl, ein Beutel Trockenhefe, $1/8$ l Milch, 100 g Zucker, 1 Päckchen Vanillezucker, eine Prise Salz, 1 Ei, 100 g Butter oder Margarine, Rosinen
Geräte und Material: Alufolie, neue Blumentöpfe aus Ton, Schüssel, Mehlsieb, elektrisches Rührgerät mit Knethaken, sauberes Geschirrtuch, Waage, Messbecher

Zubereitung
Mehl in Schüssel sieben, Trockenhefe, Zucker, Vanillezucker und Salz untermischen. Lauwarme Milch und zimmerwarme Butter (Margarine) sowie das Ei zugeben. Teig mit Knethaken so lange abschlagen, bis er sich von der Schüssel löst und eine glatte, gleichmäßig Beschaffenheit hat. Mit bemehlten Händen Rosinen unterkneten. Teigschüssel mit einem sauberen Tuch abdecken und an einem warmen Ort gehen lassen, bis er sein Volumen verdoppelt hat.
Töpfe mit Alufolie auskleiden und über den Topfrand umschlagen. Teig aufteilen und in die vorbereiteten Töpfe geben. Diese nur zu 2/3 füllen, da der Teig während des Backens noch aufgeht.
Teig nochmals 15 Minuten gehen lassen. Im vorgeheizten Backrohr bei ca. 170 Grad 45 Minuten backen. Kuchen aus dem Topf herausnehmen, abkühlen lassen und Alufolie entfernen. Kuchen in den Topf zurückgeben.
Tipp: Hübsch sieht ein Arrangement von gefalteten Papierblumen oder ein Muttertagsherz aus Mürbeteig im Topf aus.

Muttertagsherz aus Mürbteig

Dieses Herz schmeckt auch erwachsenen Naschkatzen und ist zudem eine originelle Dekoration, wenn Sie es in den Blumentopfkuchen stecken.

Zutaten

200 g Butter, 200 g Zucker, 3 Eier, 1 Päckchen Vanillezucker, 500 g Mehl, davon 1/3 der Menge Stärkemehl, 1^1/$_2$ Tl Backpulver
zum Bestreichen: Glasur aus 250 g Puderzucker, 2 El Zitronensaft, 1 kleines Eiklar, einige Tropfen rote Speisefarbe
zum Füllen: rote Marmelade
zum Verzieren: Zuckerblümchen und -perlen, Geschenkband
Weiteres Material: Blech, Herzausstechform, Holzspieße, Mehlsieb, elektrisches Rührgerät, Rührschüssel, Teigrolle, kleine Schüssel, Zitronenpresse, Backpinsel, evtl. Backpapier

Zubereitung

Teig herstellen: Butter, Zucker und ganze Eier abwechselnd unterrühren. Geschmackszutaten zugeben. Mehl mit Backpulver und Stärkemehl gemischt und gesiebt unterrühren. Teig kurz kneten, eine Stunde kalt stellen, dann messerrückendick auswellen, Kekse mit Herzform ausstechen, bei Mittelhitze (180 bis 200 Grad) auf gebuttertem oder mit Backpapier ausgelegtem Blech auf mittlerer Einschubhöhe lichtgelb backen.

In kleiner Schüssel Glasur aus Puderzucker, Zitronensaft, Eiklar und einigen Tropfen Speisefarbe rühren und die Hälfte der erkalteten Plätzchen damit bestreichen. Auf die noch feuchte Glasur Zuckerblümchen und -perlen geben und die Herzen damit verzieren. Ausreichend rote Marmelade auf die unglasierten Herzformen geben und Holzspieße so darauf legen, dass sie bis zur Herzmitte reichen. Verzierte Herzen darauf geben und leicht andrücken. Direkt unter dem Herzplätzchen eine Schleife binden.

Erdbeermarmelade

Als Überraschung für das Sonntagsfrühstück zu Hause oder den Brunch in der Kindertagesstätte kochen die Kinder Erdbeermarmelade.

Zutaten

1 kg Erdbeeren, 1 kg Gelierzucker
Geräte und Materialien: Waage, Schüssel, Küchensieb, Brett, Obstmesser, 1 großer Kochtopf, 1 Kochlöffel, Küchenuhr, Saucenkelle, Schraubgläser mit Deckel, leere Etiketten, evtl. gemusterter Stoff mit einer Zickzackschere in kleine Quadrate geschnitten, Geschenkband

Zubereitung

Erdbeeren verlesen, vorsichtig in einer Schüssel mit viel Wasser waschen und im Küchensieb gut abtropfen lassen, Kelche abzupfen und Beeren klein schneiden. Beeren mit Gelierzucker in den Kochtopf geben und mischen. Dann das Ganze zum Kochen bringen und gelegentlich umrühren. Wenn die Masse sprudelnd kocht, Küchenuhr auf 4 Minuten einstellen, kräftig weiter rühren und dann den Topf vom Herd nehmen.
Die noch heiße Marmelade mit der Saucenkelle in die sauberen Gläser füllen und mit Schraubdeckel verschließen. Marmelade abkühlen lassen, Glas mit einem Etikett versehen und beschriften. Wird das Glas verschenkt, ein quadratisches Tuch mit Zickzackschere zugeschnitten über den Deckel legen und mit einem Geschenkband befestigen.

Aromatischer Essig und würziges Öl

Das wird gebraucht

Helle Flaschen oder Gläser mit einem Deckel oder Korken, Kräuter, Gewürze, Beeren, Markenessig und ein erstklassiges Öl. Die besten Ergebnisse erzielen Sie mit geschmacksneutralem Öl oder Olivenöl, Weißwein- oder Apfelessig. Dekoriert mit Bast, hübschen Bändern und Etiketten sind die Flaschen eine Zierde für das Küchenregal und eine köstliche Geschenkidee für Hobbyköche.

Achten Sie darauf, dass alle Gefäße und Verschlüsse völlig sauber sind, bevor Sie diese verwenden. Kräuter, die in Öl eingelegt werden, müssen gut trocken sein. Gewürztes Öl sollte nach zwei bis drei Wochen gefiltert und die Zutaten entfernt werden. Essig zieht die Aromen innerhalb des gleichen Zeitraumes heraus. Die Zutaten können in der Flasche bleiben, so lange sie mit Essig bedeckt sind, Beeren und Zitronenschalen sollten jedoch nach mehr als zwei Wochen aus dem Essig entfernt werden. Würz-Essig ist bis zu einem Jahr und Öl drei bis vier Monate haltbar.

Zubereitung

Für alle Rezepte gilt die gleiche Art der Zubereitung: Zutaten in saubere Flaschen füllen, mit Essig oder Öl übergießen, Flaschen gut verschließen, an einem sonnigen Platz durchziehen lassen.

Provenzalisches Kräuteröl: 1 bis 2 Zweige Rosmarin, 2 Zweige Thymian, 2 bis 3 Zweige Majoran, Olivenöl, Verwendung: Für Kurzgebratenes und Tomatensalat
Salbei-Knoblauch-Öl: 2 Zweige Salbei, 6 Knoblauchzehen, Speiseöl, Verwendung: für italienische Gerichte
Zitronen-Essig: Zitronenschale von einer unbehandelten Frucht, 3 El Zitronensaft, Weißweinessig, Verwendung: grüne Salate
Erdbeer-Essig: 250 g einwandfreie, reife Erdbeeren, $1/2$ l Weißweinessig, Verwendung: grüner Salat, Geflügelsalat, Rotkohl

Löwenzahnsirup

Löwenzahnblüten lassen sich zu einem Sirup verarbeiten, der an heißen Tagen mit kaltem Wasser aufgefüllt ein guter Durstlöscher ist und an kühlen Tagen im heißen Tee schmeckt.

Zutaten

2 Handvoll Löwenzahnblüten, $1 1/4$ l Wasser, 1 kg Zucker, 2 Zitronen, *weiteres Material:* Zitronenpresse, Töpfe, Sieb, Trichter, Flaschen, Bast, Karton, Farbstifte, Schere, Sticknadel

Zubereitung
Die Blüten möglichst von den grünen Hüllblättern befreien, da diese
bitter schmecken. Blütenblätter in einen Topf geben, mit dem Wasser
bedecken und ca. 5 Minuten kochen. Flüssigkeit abseihen, Zucker
hinzugeben und kochen bis sich der Zucker aufgelöst hat (ca. 2 Minuten). Saft von 2 Zitronen hinzugeben und Sirup mit Hilfe eines
Trichters in Flaschen füllen.
Für das Etikett Löwenzahn auf den Karton aufmalen, ausschneiden
und beschriften. Auf Bast auffädeln und an der Flasche befestigen.

Holundersirup

Im Monat Mai blühen die Holundersträucher und verströmen ihren
herrlichen Duft. Aus den weißen Blüten und ein paar Zutaten können Kinder einen Sirup herstellen, der mit kaltem Wasser oder – für
Erwachsene – auch mit gut gekühltem Sekt gemischt, ein köstliches
Getränk ergibt. In schönen Flaschen mit bunten Bändern und Etiketten ist es auch ein preiswertes und sicher willkommenes Geschenk.

Zutaten
20 bis 30 Holunderblütendolden, 2 l Wasser, 1 kg Zucker, 4 un-
behandelte Zitronen, 40 g Zitronensäure (Apotheke)
Material: großer Topf mit Deckel, Messer, Brett, Sieb, Trichter,
Flaschen mit Schraubverschluss, Etiketten, Bänder

Zubereitung
Blüten falls nötig von Insekten befreien und unter fließendem Wasser
waschen. Wasser mit dem Zucker unter Rühren erhitzen, bis sich der
Zucker vollständig aufgelöst hat. Zitronen waschen und samt der
Schale in Scheiben schneiden. Topf vom Herd nehmen, Zitronenscha-
len und Blütendolden in den Sud geben. Topf zugedeckt für zwei
Tage an einen sonnigen Platz stellen. Flüssigkeit abseihen, Dolden, Zi-
tronenschalen entfernen und Zitronensäure hinzugeben (verhindert
Gärprozess). Sirup mit Hilfe eines Trichters in Flaschen füllen und diese verschließen.

Kirschwaffeln

Waffeln sind ideal für den Muttertag, bestehen sie doch aus mehreren kleinen Herzen.

Zutaten für 6 bis 7 Waffeln

125 g Butter, 125 g Zucker, 3 Eier, 250 g Mehl, $1/8$ l Milch, 200 g gut abgetropfte Sauerkirschen aus dem Glas
Zum Bestreuen: 3 El Puderzucker, 1 Päckchen Vanillinzucker, Butter zum Fetten
Material: Waffeleisen, Fettpinsel, großes und kleines Sieb

Zubereitung

Butter mit dem Zucker cremig rühren. Nach und nach Eier hinein schlagen und weiterrühren! Mehl und Milch unter den Teig mischen. Waffeleisen mit dem Pinsel einfetten, erhitzen und drei Esslöffel Teig hineingeben. Waffeln goldgelb backen. Puderzucker mit Vanillinzucker mischen und über die Waffeln sieben. Abgetropfte Kirschen über die Waffeln geben. Sie können auch die einzelnen Herzen voneinander trennen und als kleine Herzplätzchen servieren.

Herzen als Serviettenring aus Quarkölteig

Diese schnell gebackenen Herzen sind nicht nur lecker, sondern auch als essbare Serviettenringe gedacht.

Das braucht man

150 g Speisequark (Magerstufe), 6 El Milch, 6 EL Speiseöl, 75 g Zucker, 1 Päckchen Vanillinzucker, 1 Prise Salz, 300 g Weizenmehl, 1 Päckchen Backpulver

So geht's

Quark, Milch, Öl, Zucker, Vanillinzucker und Salz in eine Schüssel geben und zu einem glatten Teig verrühren. Mehl und Backpulver hinzugeben und mit Knethaken weiterrühren, bis der Teig fest wird. Teig aus der Schüssel nehmen und mit den Händen weiterkneten, bis ein fester Kloß entsteht.

Teig ca. ein- bis anderthalb Zentimeter dick und ca. 20 cm lang ausrollen und zu einem Herz zusammendrehen. Mit Eigelb bestreichen und backen. Nach dem Auskühlen eine Serviette zusammen rollen oder in Ziehharmonikaform falten und durch das Herz stecken. Vor dem Dekorieren der Festtafel kann noch eine Blume dazu gesteckt werden.

Blitz-Biskuit für Erdbeertorte

Dieses Rezept hat seinen Namen wohl verdient. Alle Zutaten werden schnell nacheinander verrührt. Anders als bei den üblichen Biskuit-Teigen, braucht hier kein Eischnee geschlagen zu werden!

Das wird gebraucht

3 Eier, 3 El warmes Wasser, 3 gehäufte El Zucker, 1 Pck. Vanillezucker, 3 gehäufte El Mehl, 1 Päckchen Vanillepudding, 1 gehäufter El Mondamin, 1 Tl Backpulver, zur Verzierung geröstete Kokosflocken oder Mandelblättchen

So wird's gemacht

Eier und warmes Wasser in eine Schüssel geben und 4 Minuten verquirlen. In der 4. Minute Zucker und Vanillezucker einrieseln lassen und 4 Minuten quirlen. Mehl, Mondamin, Backpulver und Puddingpulver vermischen und die erste Hälfte bei Stufe 1 unterrühren die zweite Hälfte bei Stufe 2.

Teig in eine gefettete und mit Mehl bestäubte Herzform füllen und bei 180 Grad (Heißluft) ca. 20 bis 25 Minuten backen. Vorsichtig aus der Form lösen und auf einem Kuchengitter auskühlen lassen. Inzwischen Erdbeeren waschen und halbieren. Die Kokosflocken oder Mandeln in einer Pfanne (ohne Fett) unter ständigem Rühren rösten. Den Biskuitboden mit den Erdbeeren belegen. Anstelle eines Tortengusses den Rand mit den gerösteten und erkalteten Kokosflocken oder Mandeln bestreuen.

Negerkusstorte

Eine himmlische Verführung und eine tolle Überraschung für die Mutter, wenn Papa mit den Kindern eine Torte »backt«. Ältere Kinder schaffen das bei diesem Rezept auch schon alleine, denn es kann dabei nichts »anbrennen«.

Das wird gebraucht
500 g Sahnequark, 1 Karton Negerküsse, 1 fertiger Tortenboden

So wird's gemacht:
Einen Negerkuss zur Seite stellen, von allen anderen vorsichtig die Waffeln abnehmen. Sahnequark mit dem Negerkuss-Schaum verrühren. Die Creme auf den Tortenboden streichen und mit den Waffeln verzieren, in die Mitte, obendrauf kommt der beiseite gestellte Negerkuss.

Nusstrüffel

Für ca. 30 Stück braucht man
75 g Butter, 75 g Puderzucker, ein Päckchen Vanillezucker, 200 g zartbittere Schokolade, 100 g gemahlene, leicht geröstete Haselnusskerne
Geräte und Material: Schüssel, elektrisches Handrührgerät, Rührlöffel, 2 Töpfe für das Wasserbad, Pfanne zum Rösten der Haselnüsse, Waage, Papier-Pralinenförmchen

So wird's gemacht
Butter schaumig rühren. Puderzucker und Vanillezucker hinzufügen. Die Schokolade in kleine Stücke brechen, in einem kleinen Topf im Wasserbad bei schwacher Hitze zu einer geschmeidigen Masse verrühren und unter die Butter-Zuckermasse rühren. Die Hälfte der Haselnusskerne darunter rühren. Die Masse eine Zeitlang kaltstellen, kleine Kugeln daraus formen und in den restlichen Haselnusskernen wälzen. Die Nusstrüffel in die Pralinenförmchen geben und kühl aufbewahren.

Quellenverzeichnis

S. 45: Alfons Schweiggert: Glückwunschverse für jeden Anlass, Falken Verlag 1996

S. 64: Rolf Krenzer/Detlev Jöcker: Weil du meine Mutti bist, entnommen aus: Buch, CD und MC »Lieber Frühling, lieber Sommer«, © Menschenkinder Verlag und Vertrieb GmbH, Münster

S. 65: Rolf Krenzer/Ludger Edelkötter: Ich hab, was ich zum Leben brauch, entnommen aus: Ich gebe dir die Hände, Musikrechte: KiMu, Kinder Musik Verlag GmbH, 42555 Velbert; Textrechte: Rolf Krenzer, Dillenburg

S. 65: Manfred Bauer: Lieber Vater!, entnommen aus: Sach- und Machbuch Muttertag & Vatertag, © AOL-Verlag Frohmut Menze GmbH, Lichtenau

Feste feiern mit Kindern

ISBN 3-7698-1271-9

ISBN 3-7698-1272-7

ISBN 3-7698-1441-X

ISBN 3-7698-1302-2

ISBN 3-7698-1259-X

ISBN 3-7698-1260-3

ISBN 3-7698-1303-0

ISBN 3-7698-1368-5

ISBN 3-7698-1386-3